JN317122

愚直

平和をめざして60年

相澤好則

八朔社

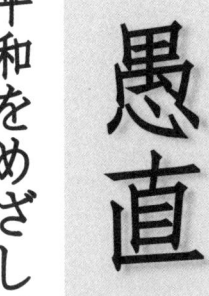

まえがき

一

一九九八年に『バカ正直者の戦時体験』というエッセイの本を出した。これは約半世紀も前に恩師・南原繁先生が、中国から帰国直後の僕の話を聞いて、貴重な体験だからぜひ書けと、かなり強い口調で直接に言われたのが発端である。帰国してまだ尾羽うち枯らした僕に対する温かいご配慮だった。しかし僕にはいろいろ事情があって、それを書きしぶっていた。その事情というのは、まだ健在でいる何人かの日本人がその中に出てきて差し障りがあったことだ。もう一つは僕の体験が生々しすぎて、僕自身がそれを冷静に客観的に見ることができないことだった。

その後数十年たって、それらの事情がなくなった。書くことを勧められた南原先生が天国に召されてからも時がたった。僕はウッカリこの話を忘れていた。ウッカリは少年の頃からの僕の性《さが》。僕も高齢となり天国行きも遠くない。そこで遺書のつもりでこの本を書いた。それには長い間の親友・増沢喜千郎君の勧めが働いて、実際書く気になった。また近所に住む若い友人・有馬義徳君は、この本を読んで、戦争前と戦争後のことを書き加えたらと言ってくれた。彼は僕の心中を思ってそう言ったのだと思う。

二

一九八〇年（昭和五五）僕はフィリピンのアテネオ・デ・マニラ大学（上智大学及び慶応大学の姉妹校）で、日本の憲法と政治について話をすることになった。生まれて初めての英語での講義・講演なので（ドイツ語での講義・講演は別として）、講義のテキストを作るのに手間取った。その頃、フィリピン大学（通称ＵＰ）の法学部からヴァレンタイン・デーのパーティーに呼ばれた。このパーティーには教授と学生がそれぞれ約二〇名が出席していて、日本問題研究会のパーティーでもあるという。司会者の教授が僕を「日本人には珍しい非帝国主義者《ノンインピーリアリスト》（平和主義者）」として紹介した。僕は日本には他にも多くの平和主義者がいると言った。東アジア、とくに戦争中、日本軍の被害を受けた国の国民には、この点の誤解が根強くある。この誤解はぜひ解かれなくてはならない。

たいへん僭越だが、ただ次のことは言わせていただきたい。僕の平和主義は敗戦直後、世界的な平和主義の有無をいわせない流れの中で、しかも日本に平和憲法が生まれた後で生まれたのではない。敗戦前に、一方では戦争での死を覚悟しながら、他方では平和思想、自由思想（当時、この二つは非常にいまわしいものとされた）として当局から睨まれ、いじめられるなかで根を下ろした。そして各種の経験をへて徐々に成長していった。平和主義は実際の体験と苦しみのなかで常に鍛えられるべき力である。鍛えられるべきものは、スポーツ選手が試合で勝つための、肉体的精神的な力だけではない。

戦後、平和主義者は戦前のように孤立して戦う必要はなくなった。戦いの友は非常に多くなった。何よりの戦いの支柱となるものは日本国憲法である。僕は外国、すなわち西ドイツ・東ドイツ・フィリピンに行くたびに、ことに講演や講義をするたびに言ってきたことがある。「日本には世界に誇るべき宝がある。それは今の日本国憲法である。これは二一世紀の世界の平和の確保という大理想と大指針を先取りしたものだ。それは安全保障条約その他の大障害にかなり阻まれてはいるが、国の統治の基本原理だし、かなりの数の日本国民のハートを掴んでいる」と。これを聞いて驚く人も少なくなかった。

僕がアテネオ・デ・マニラ大学で講義をしていた頃は、まだ米ソ二大国の世界的対立があった。僕はそのロースクール（法科大学）で次のような趣旨のことを述べた。日本は原則として米側に立っているが、全面的にそうだというのではない。日本国憲法九条の平和主義は、日本国民が米ソ双方の間に立って平和に向かって具体的に両者が歩みよるように、両者を取りなすように日本政府に働きかける国民的義務を課していると言った。これに学生の反論が起こって広い講堂は騒然となり、講義の時間が三十分もオーバーした。学生は通説に対する新しい説だとみて、議論を起こしたのであって、必ずしも僕の説に反対したのではない。僕のへたな英語での説得に時間がかかった。

三

つまり二〇〇一年（平成一三）九月はじめ、本書の校正刷りが送られてきた。それに手を入れはじめて一週間もたたない頃、大事件が発生した。例の米国での大規模な「同時多発テロ」である。数千人の人命がいっきょに失われ、世界貿易センタービルが崩壊した。今日はそれから三週間あまりたっている。

テロは絶対に悪い。人間の尊厳と生命をもっとも傷つけるもの。断じて許せない犯罪である。米国のブッシュ大統領は新しい戦争だと言い「報復」を宣言した。だが大犯罪ではあるが、まだ「戦争」とは言えまい。戦争だと言って同盟国を巻き込めば、恐れていた第三次世界大戦が始まる。地球と人類は壊滅する。戦争は最大の悪。戦争以上の間違いはないし、なかった。ブッシュは各国を包囲網にみちびき、軍事的「報復」は着々と進んでいるのが今、一〇月六日だ。米国は勝つだろう。だが問題は解決しまい。戦争で問題を解決する時は去った。ブッシュの叫びにいち早く呼応したのが、わが国の小泉首相である。湾岸戦争での日本のなまぬるいとされた行動に対する国際的世論に対応したようだ。タリバン政権のイスラム原理主義の行動だということも、ほぼ明らかになったようだ。

こんなテロは非常に悪いが、これの深い原因を忘れてはならない。米国主導のアラブ対策が響いたことが原因だ。その著しい例はイスラエルとパレスチナとの長引く対立の問題だ。今のところ米国民は「報復」に賛成し、大戦争もやむなしと考えている。米国民の大堕落が徐々に始まり、平和憲法をもつ日本人の堕落も始まった、と僕は考える。やはり世界史が歴史を裁くに違いない。

僕が三〇年前から主張してきたことだが、二〇世紀において、世界の強大国の中で自分の国内で、

まえがき

近代戦争の空爆などの恐るべき大惨禍を経験しなかった「幸いな」国民がいる。それは米国民だ。南北戦争は一九世紀のことであり、また対外戦争ではなく国内戦だった。日本の真珠湾奇襲はヒドイものだが、本土から遠い孤島でのこと。近代戦争の惨劇を経なかった恵まれた国民！　それは当然、平和の維持と確保への熱意について、惨劇を経験した国民と比べて数段に弱い。英国民は国内で大空襲を経験しているが、幸い国内が外国軍によって軍事占領されたことはない。いま米国民はこれを聞いて怒るだろう。だが十年も前に僕がこのことを話した何人かの米国人は、僕の見方にノーとは言わなかった。いまはノーと言うかもしれない。国内の中枢部が近代的な大規模な兵器によって、卑劣な方法で破壊されたのだから。この事件がどう展開しようと、米国民の平和理解は他の大国並みになる土台が出来たように思うのだが。僕は従来から反米ではなく親米である。アメリカ人は好きだ。だからこそ、米国民の平和理解の底の浅いことが気になる！

よく考えると、武力による武力「報復」で問題が有効に解決するとは思えない。「報復」は相手の「報復」を生む。それは悪循環だ。二〇世紀の歴史もその事実でいっぱいだ。ベルサイユ体制による第一次大戦でのドイツへのゆきすぎた制裁があった。それはヒトラーの独裁を生み、さらにそれは第二次大戦を生んだ。「報復」は憎しみを伴うからさらに危険である。

大統領は国民への挨拶の中で神（キリスト教の神）に祝福を祈ると言った。その聖書にはパウロの言葉として「復讐するな」と書いてある。この点で大統領はキリストの教えから離れたようにも見える。だが米国民の内面的な中核は、まだ依然としてキリスト教であるはず。一九世紀初期までのような信仰的な清新さを持ち合わせていないとしてもだ。

構造改革の中身もよく分からず、その実行にも疑問がある小泉首相も、すぐ「憲法の許す範囲内で」と言いながら、大統領の見方を支持した。靖国神社公式参拝では憲法を言い出さなかった彼は、テロ問題では憲法を言い出した。憲法は権力の座にある者のわがままを抑えることを通して、国民の生活や自由や権利を守る基本的な法だ。憲法を考える際に一番大切なのはこの見方だ。国民にとって何ともいとおしいものが、権力者にとってはこうるさいもの、いとわしいものとなるのが憲法である。その何よりの証拠が、権力者はよく「憲法の範囲内で」と言いながら、なんとか憲法の制約を逃れようと汲々としていることだ。

九月二八日の「朝日新聞」の「声」欄に出た、すてきな一読者の記事を借りる。

「自分の家族を殺されたくない。誰かの家族も殺したくない。戦争のない国に住みたい。これは国境を越えた人間の願いです。

生きていて今ぐらい、日本の憲法をありがたいと思ったことはありません。政治家は国を守ると言いながら、国民は守りません。前の戦争を考えただけでも分かることです。

日本の憲法は、日本の国民だけでなく他国の国民も守っています。戦後、日本は国の名のもとで一人の外国人も殺していません。殺さない、だから殺させる口実を一つも与えない。これは、すごいことですね。」(主婦・塩屋園子、盛岡市、三二歳)

四

日本人は前の戦争で負けた。それなのに素直に謙虚に敗戦と言わない。終戦と言ってお茶を濁している。これは潔《いさぎよ》くない。恥を知らない。米国人ベネディクトは恥を知るのが日本人の特性といったが、今の日本人は個人としても国民としてもこの特性も、失ってしまった。その結果どうなったか。沈滞から立ち上がる真のエネルギーが湧いてこなくなった。大事なのは失敗と挫折に対する態度だ。これにぶつかった時、それを深く噛みしめる。どん底まで落ちる。まさにその反動で立ち上がる。個人としてそれを経験した人も多い。僕もそれをある程度経験したと自惚れている。

二〇世紀前半のフランスの作家ロマン・ロランは、一八、一九世紀のドイツの詩人ゲーテについて次のように言った。「ゲーテの実に多くの言葉の中で、自分に最もピッタリしたものを選ぶと、それは『死して生まれよ！』という言葉になる。何度ゲーテは絶望したことだろうか。彼ほどその絶望を噛みしめたものがあるだろうか。……だからこそ、この崇高な叫びがほとばしり出た！」と（『道連れたち』）。ゲーテの最大の傑作『ファウスト』は、主人公ファウストが何度も絶望し、その絶望の後で、そのどん底から見事に立ち上がったことを美しく書いている。なお『ファウスト』は僕の青年時代からの愛読書の一つだ。

日本人はなぜ、そうした生ぬるい、中途半端な国民になったのか。それにはさまざまな理由がある。一つの理由を述べる。日本人は戦時中、天皇を現人神《あらひとがみ》（人の姿をしてこの世に現われた神）、および主権者（政治の在り方を最終的に決める力を持つ人）として尊び崇《あが》めた。古今東西のさまざまな哲学で天皇の存在を飾った。天皇を中心とし頂点とした独特の精神主義が日本人を指導した。日本人はこの精神主義を最も有効な武器として戦った。それを僕は今も鮮明に覚えている。

そして日本は破れた。国民は比較にならないほど巨大な敵軍の物量に破れたと考えた。日本人はその反動として、崇拝の対象を精神から物に変えた。巧みな米国の占領政策も大きく働いた。経済大国を目指した日本人は物と金とに心を奪われた。精神にも良いのと悪いのがある。日本人はすべての精神を見境なく悪い物と見てしまった。親分の米国人も、一方で実用主義《プラグマティズム》の哲学の道をまっしぐらに進んできた。他方で米国人はキリスト教を建国以来モラルのバックボーンとした。そして今も一九世紀前半から徐々に世俗化しつつあるキリスト教信仰は守っている。

経済大国を目指して進んでいた日本人の「物と金」主義は、東アジアを襲った二つの大事件に促された。それは二〇世紀後半に時を異にして起こった朝鮮戦争とベトナム戦争である。憲法上の建て前から日本は、これらの戦争に軍隊を送らなかった。だがその戦争が当然に生み出した特需景気は、日本人を「物と金」の面でさらに豊かにした。それは彼らを「心と精神」の面でさらに貧しくした。その上、東アジアの諸国民も、日本人は他国民の屍を踏み台にして金儲けをしたといっている。

五

僕は戦時中を運よく生きのび、八六歳の高齢を迎えた。死が近いから「すべては歴史が審判する」

などと暢気なことをいうと見る人がいるだろう。たしかに僕は幸運だった。あの戦争を生きのびただけでも幸運だ。それに戦時中はじめて「人間の尊厳」に目覚めたことは非常に幸運だった。この目覚めが紆余曲折《うよきょくせつ》を経ながら今まで、僕を肉体的にはともかく精神的に僕を励まし、心的エネルギーを保たせているのは、さらに大きな幸運だ。

この幸運について僕はたくさんの人々に感謝している。そのたくさんの人々は、肉親や恩師や友人だけではない。戦争で若くして死んでいった非常に多くの仲間たちだ。僕の見たところ、彼らの多くは侵略戦争に加担したとしても、加担を余儀なくされたのだ。直接彼らの多くと話をした僕は、彼ら自身戦争を嫌っていたことを知っている。その彼らの大半はほとんど将校ではない下級兵士であった。彼らの中には死ぬとき「天皇陛下万歳」という人もいるが、多くは「母《かあ》ちゃんやガッツァン（宮城弁の母ちゃん）」と言って死んでいった。つまり彼らは心の中では戦争を嫌っていた。平和という言葉は使うと睨まれるから使わないが、平和を望んでいた。その彼らが死をもって国民に贈ったのが、今の平和憲法である。これが僕の実感である。これについて僕は何の誇張もしていない。一九六八年、僕は靖国神社国営化反対運動に同志と共に立ち上がった時の考え方はそれだ。戦死者が若い命をかけて愛する祖国にプレゼントとして贈ったのが、この平和憲法である。だからこの憲法は大事に守らなくてはならない。この見方は多くの学者と違うかもしれない。その二〇条は政教分離の考えを定めている。戦没者は感謝すべきだが、感謝は政治と宗教の分離の考えに従ってなされるべきである。あらゆる宗教を離れて――例えば千鳥が淵戦没者墓苑のような形で感謝されなくてはならない。こういう感謝の施設は、もっと壮大に作るべきだ。靖国神社は、なんといっても神社神道という宗教によって戦没者に感謝するところだから。

六

この本はエッセイであるが、実際は今はやりの自分史となった。一方で失敗や無様なことで一杯だが、他方で幸運やバカ正直やおかしみもかなり多い。父は母のことをよく「愚直な（バカ正直な）女」と言った。僕は母の性質を受け継いだ。人は僕をよく「おだちもっこ」（東北弁でふざけて人を笑わせるのが好きな子供という意味）と言った。この性質は今も続く。前著『バカ正直者の戦時体験』を読んだ親友の杣正夫君（元九州大学教授）が、僕を「今に生き残っている東北の縄文人」と言ってくれた。

さまざまな老人病と出会い、それらを乗り切り、八六歳の今は元気である。医者に診せると頭の方は異常なし。妻の作るバランスの摂れた食事のせいもある。朝七時すぎから近所の公園で行われる体操に参加しているせいもある。体操のリーダーは桑江常眞さん。朝五時半から一時間半の勉強を半世紀あまり続けているせいもある。

午後一時間は、近所の公園内の人の通らない森の中で、好きな詩の朗誦と好きな歌の独唱をする。他人に聞かせるほどうまくないので、一人でヒッソリやる。大きな松の木の下や風にゆれる柳の枝の下でやる。とても楽しいのが何よりだ。松や柳の木が僕を慰めている。これは確かな実感である。

木の方が僕を慰めているのでなく、僕が詩や歌で話しかけて、木がそれに応えている。詩はゲーテの「五月の歌」「魔王」、シラーの「他国の乙女」その他である。歌はシューベルト作曲の「魔王」や「野ばら」や晩翠の「星落秋風五丈原」や旧制高校の寮歌などである。

僕の願いを聞いて、本書を出版して下さった八朔社の皆さんにあらためて感謝する。また本書を次の人々に捧げる。まず母だ。母はるのは郷里で九四歳で亡くなった。僕は約三〇年間、毎週一回必ず便りを書いたほど彼女を愛した。彼女は愚直、謙譲のかたまり。次は優しい前妻、晃子だ。彼女は音楽と教会を愛し、四七年間、文字通り僕と苦しみを共にし、買い物も散歩も共にした。弱い体で僕の読みにくい原稿を浄書し、六七年の一生を終えた。彼女の最大の憧れだった海外旅行は、僕との一一度の旅（西ドイツでの一年間滞在を含む）でほぼ完了した。今の妻、佳子にも感謝している。この七年間、老齢の僕の生活を明るく支え、特にバランスの摂れた非常においしい食事を作ってくれている。本書のタイトル『愚直』は彼女が考えてくれた。

二〇〇一年一〇月一〇日

相沢好則

目次

目　次

目　次

装幀・高須賀優

第一章　僕の生い立ち

誕生と小学校時代

僕は一九一五年（大正四）生まれ。四男二女の末っ子だ。先日、次姉は九一歳で昇天した。生まれた所は東北、宮城県の農村である。生まれた時は呼吸困難で産声をあげなかった。父の人工呼吸で産声をあげた。だから呼吸器の弱い子供となり、毎年冬、一カ月ぐらい風邪をひいた。二〇歳までは生きられまいと言われて育った。しかし一一歳頃からめきめき健康となった。

父は農村の貧しい子沢山の商人の家に生まれた。小学校を四年でやめ、日清戦争（一八九四―九五年）に出征して衛生兵となる。無事に帰り国から三〇円をもらった。それを持って東京に出、長い時間をかけて三二歳のとき医師になった。

父は陰気で寡黙な性格で、家族には笑顔を見せなかったが、患者にはよく笑顔を見せた。だが憐れみ深く、貧しい患者からは薬価以外の治療費を取らなかった。一般に弱者貧者の味方をした。本人は服装に注意するお洒落であった。反対に、母は地主の娘で明るく陽気だった。身なりは無頓着で何事にも無器用だが、読書好きだった。自惚《うぬぼ》れた言い方をすると、僕は父からは弱者を憐れみ、弱者に味方する性格を受けた。母からは、小さな身体と明るい性格、身なりに無頓着で無器用な性質と読書好きを受けた。両親に似ずおしゃべりだ。

両親は暇があれば読書をした。家にはたくさんの本があり、古い本も新しい本もあった。僕は幼い頃から家にある本を片っ端から読んだ。僕にとってあらゆる本が新刊書だった。新刊書とは新しく出た本のことではない。初めて読む本はみな新刊書である。

正直、つまり嘘を言って人を騙さないことが家訓であった。この家訓で僕は厳しく鍛えられた。またこれが一番僕の性質に合うようになった。それはしばしば拡大してバカ正直となった。これは大人になっても続いた。今も続いている。そのため何度もバカ者扱いを受けた。その結果、何度も損をした。図々しいが本当に損をしたとは考えていない。正直はモラルの根本だから。

僕は両親から「勉強しろ」と言われたことは一度もなかった。読書をしていたからであろう。両親から言わせると、僕は呼吸器が弱いから二〇歳まで生きられないと考えて、僕を好きなようにさせていたのであろう。実際、父は何度か子供の僕に何になってもいいと言った。一般的に言うと、「勉強しろ」と親が子供に言うと、子供は反発して、かえって勉強しなくなるかもしれない。その実例は実際多いのではないか。

だが僕は親の予想に反して、丈夫になった。一一歳の頃からそうなった。スポーツでも他の少年

両親と兄弟たち（左から３番目が小学生の頃の筆者）

を凌ぐようになり、町の野球選手に選ばれた。読書のほうは前より少なくなり、いわゆる餓鬼大将になった。

僕の家は観光地として名高い松島の海岸から約三キロ奥まった農村のちょっとした高台にあった。田圃、森、小川、小山の多い所。三〇メートルほどの小山の頂上に登ると、雄大な景色が見られた。左手に松島湾の鏡のような景色が大きく展開する。右手に奥羽山脈の裾野にある泉が岳が男らしい姿で遠く眺められる。この山は一二〇〇メートルに充たない。ここを中心として僕は何人かの友と遊び暮らした。桑の実、山苺、ぐみ、柿があった。小川には小魚、田圃にドジョウがいた。

僕は月に何度も蜂にさされ、痛さに泣いた。黒い小さい蜂が一番痛かった。蜂はどこにいるか分からない。友の家に遊びに行く途中、三匹の犬（うち一匹は飼い犬の雌）に追いかけられ、右足を噛まれて大出血をした。それ以来、犬が怖い。今も犬は時どき僕を弱者とみて軽蔑した顔をする。友は夜、カンテラを持ってウナギを捕りに川に行き、まむしをウナギと間違えてまむしに噛まれ死に損なった。自然は一面すばらしいが、他面恐ろしい。

当時は大正時代の末期で、国民は第一次大戦後の好景気を一時的に喜んだ。その後、すぐ不景気がきて国民の貧しさは戻ってきた。日本では東北地方の貧しさは特にひどかった。多くの若い女性は都会で体を売り、多くの若い男性は都会で働いて結核にかかって死んだ。当時の輸送手段は荷馬車である。冬、僕は友と荷馬車をひく馬の後ろを歩き、馬の体から出たての馬糞で、かじかんだ手を暖めたことは何度もある。当時、子供は燃料を燃やして手を暖めることは許されなかったから。

小学校では授業用のオルガンを買うため、全校生徒が授業を休んで刈り入れ前の田圃に出てイナゴを捕った。楽しい思い出だ。当時の生徒は知識や情報では今の生徒に敵わない。だが自然の中で生き、自然に鍛えられた点は今より良かった。教師が生徒を殴ることは認められていた。五年の時、僕のクラスの先生がいなくなった。学年初め、教室に来た女の先生と密談した後、自習をしろと言って二人は出ていって戻らなかった。駆け落ちだった。生徒の自習が続いた。生徒の学力と躾がそのため全校で最悪になった。僕は級長だったが、どうすることもできなかった。六年生になると、伊藤功《いさお》という素晴らしい先生がきた。この先生は自己犠牲的な愛情と幅広い知識と熱心な指導力を持っていた。そのためクラスは前年の遅れを取り戻した。先生は放課後、中学受験生のために特別な授業をして下さった。こういう先生は少なかった。一生で僕のもっとも尊敬する先生の一人がこの先生だ。

中学時代――軍国主義の台頭

伊藤先生のおかげで僕は中学に入学できた。一三歳。当時中学は都会にしかなかった。中学進学者はクラスの約一割に過ぎなかった。残る九割の生徒の半数は、六年の義務教育を終えて二年の高等小学校に入学した。

その後、日本は日中戦争を起こし、その後、米英との戦争に突入した。日本国内の貧困と矛盾の問題は、日本国内で解決すべきものだ。しかし国外の市場と原料を武力で掠奪するという方法で解決しようとした。これが当時の日本の政治と戦争政策であった。僕の多くの同級生が兵士として戦場に行き死んだ。戦死者の率を僕の出たいくつかの学校の同級生でみると、小学校がもっとも高く上に行くにしたがって低い。これらの学校の卒業生のうちで、国からの恩恵がもっとも少ないのは小学校卒業生である。その彼らがもっとも高率で死ぬのは、何とも痛ましく不合理である。当然のこととは言えない。戦争にはいくつもの害悪があるが、今言ったことは、その大きな害悪の一つだ。

中学への通学は、徒歩と汽車通学が約半分ずつで往復、約三時間かかった。中学は進学校で有名な宮城県仙台第一中学校（現・仙台一高）である。授業はどんどん進む。僕は身体がますます回復した。野球と柔道に夢中になった。郷里の町の野球チームで投手をつとめ中学にも多くの友ができた。

当時の日本は軍部と右翼の勢力が強くなり、平和と軍縮をめざす政治が弱まった。すでに現役の将校が中学の軍事教官として派遣され、中学の教育には軍事色が濃くなっていた。軍事教官から心身共に優秀と見なされた生徒は、陸軍士官学校、海軍兵学校等、軍の幹部養成所に送り込まれた。そのために生徒が選別された。

一年生の軍事訓練中のこと、隣の級友とふざけている僕――こういう生徒は教官から最悪の生徒と見なされる――を見つけ教官は怒鳴った。「皆よく聞け。この組で一番見込みのない奴は相沢の久だ」。姓と名の間に「の」を入れるのは差別言葉だ。校庭から教室に戻った僕はすぐ級友たちの前で大声で言った。「俺は今、教官にああ言われたげんど（けれど）な。一番見込みのある奴になって見せっつお（見せるぞ）」と。教官の言葉は、少年の無限の将来を無思慮な一言で決めつけるもの。それは休眠中の僕の自尊心を目覚ました。生来の強い正義感と負けじ魂に火をつけた。ここで僕の学校嫌いが始まる。

その後、もう一つの事件が起こる。小学校時代、一番好きな学科は数学（小学校では算術という）。中学入学後、何にでもウッカリする僕は、自分に当たった数学の宿題をウッカリ忘れた。老年の教師は叱った。「お前はまったくダメだ、見込みなし。お前の兄はよく出来たぞ」。この時から大好きな数学をやらなくなった。むろんその責任は根本的に僕にある。しかし青年心理に無知な教師。僕はその後教師となったが、こういう態度をとったことはない。大変な数学好きな生徒を一言で数学嫌いにした教師！　本来の僕の理科志望を文科志望に結果的に変えた教師の態度はやはり問題であろう。要するに右の二つは、決定的に僕を学校嫌いにした。

先生に人気のない僕は、友人にはまず人気があった。体が丈夫になり、柔道部の教師から入部の声がかかるほど体力も強くなった。もともと自他共に許す正義派だ。弱い者いじめをする生徒とはたびたび闘った。学校で弱い立場にあり、いじめられがちな小使いさんをからかう、腕っぷしの強い柔道部員の同級生と大喧嘩をして僕は、完全にねじ伏せられ、気絶させられたことがある。英語の副読本である『若者のための倫理』（英文）の中の「心の英雄たれ」という考え方に共鳴していた。毎学期末に試験がある。何人かの級友が英語の試験直前に僕に問題の解答を求めに来た。一般の優等生たちは学校のトイレに隠れる傾向があった。なお柔道部員との喧嘩では、僕が羽交締めされて負けた。先生に好かれる人と友人に好かれる人とは、ある程度違う。要するに僕にとって、学校は好きな所ではなかったと同時に、僕は優秀な生徒でもなかった。両親はその僕にあまり期待ももたず、ガッカリもせず失望もしなかった。両親は末っ子にはあまり期待しなかった。僕は文学少年、スポーツ少年として過ごした。卒業式の時、僕の父が父兄総代となって挨拶した。このことは父には一大名誉だった。総代が決まるとき、学校では「田舎医者に総代がつとまるかなあ」という声があったとある先生が言った。

愉快な旧制二高時代

中学四年終了で旧制高校の入学試験を受けたが落ちて非常に落胆した。中学五年で卒業する時は、

二高時代

なんとか入学できた。旧制二高はより自由であった。全く急激に哲学と人生の思索に没頭し沈潜する時代が僕にやってきた。親しい同級生が数人できた。少数の尊敬する先生がいた。要するに楽しく充実した時代。「立身出世主義」反対を唱えて、教師と対等に語るチャンスがきた。そして立身出世を高校時代から志して勉強する級友を批判した。その級友は長い間ショックを受けたらしい。クラスメートの千葉（中村）武則や赤間庫造は気のあった「心の友」であった。天才的な赤間は高校三年の時に結核で逝った。数十年たってから千葉は言った。「俺たちが二高時代考えた立身出世主義反対は、間違っていなかったなあ」と。同感だ。

高校は文乙というドイツ語学修に重きがおかれる学科に入った。僕は一方でドイツ語は適当にやった。毎朝早く起きて一時間半読書を続け、他方でゲーテの詩と作品、エマーソン（米国の哲学者）の作品を読みふけった。授業をさぼりすぎて教師からしばしば注意を受けた。

英語教師の詩人・土井晩翠先生は、典型的ずうずう弁（いい言葉だ）で言った。「世界の三大詩人はグリーキ（ギリシャ）のホメール（ホーマー）とイギリスのシェクスピアとドエッツ（ドイツ）のゲーテだべな（である）。その中で一番偉いのはゲーテだな。ゲーテの中でも『ファウスト』だな。

『ファウスト』の中でも一番は第四幕のファウストの昇天の所だな。君らは今読んでも分かるめいな（分からないだろうな）。君らも五〇になれば分かるべげど（分かるだろうが）」。その後僕はゲーテに特別の関心を持ち、数十年間ゲーテに取り組むことになった。

ゲーテの詩を暗記し、ゲーテの言葉を覚え、それを生きる際の、そして学問をする際の指針としてきた。「理論は灰色で生活の黄金の木は緑だよ」。「人は霊と肉との不可分の化合物である」。「人は過ちを犯すがゆえに愛すべきもの」。「人は変わることで進歩する。私は八〇歳の今日まで同じことを考えてきたのではない」。「敬虔の心は目的ではなくて、純粋な心の静かさで最高の教養を身につける手段だ。だからこれを目的とみると偽善者になる」。ゲーテの言葉はこれで止める。ゲーテは僕の趣味や好きな詩人ではない。僕の生活そのものであった。僕の学究生活の指針であった。

僕はゲーテの叙事詩や詩「魔王」を数多く朗唱した。ゲーテの詩には壮大さと劇的な美しさがある。一九八七年、僕は「ゲーテの詩の朗読会」に初めて出た。四三〇人の中から予選通過者三〇人、その中から審査員賞をいただいた。このコンクールに備えて七、八〇〇回、家に近い井の頭公園の森の中で練習した。初めてであがってしまった。審査委員長は「初めのところせきこみ過ぎた」と言った。「どこで練習しましたか」と聞かれて「井の頭公園の森の中で、人のこないときに練習しました。鳥が僕の詩の朗唱を聞いて逃げました。じっと木に止まって聞いてくれませんでした」と答えた。その前、ドイツ（西ドイツ）滞在中は、時々「魔王」をドイツ人の仲間や友人や近所の人のリクエストで朗唱した。一度やったら、その後、彼らのリクエストで何度もやるようになった。今も二日に一度は他の詩と共に朗唱する。実に爽快で元気がでる。

　学業成績では中学時代は上位だったが、トップからは遠かった。高校時代は中以下、いや下位に近かった。高校時代は意識的に学業成績を上げることに抵抗した。帰省中の東京にいる三兄（和独辞典作りを手伝っていた）の博に言うと、成績を上げることが出来ないから、そんなことを言うと言われた。それで僕の言葉を証明するために三年の二学期に一〇日ほど勉強し、予想したとおり上位になった。クラス担任の敬愛していた漢文の板原瑛夫先生は僕を教壇に呼んで言われた。

「相沢君、どうしたんだ。漢文の君の点数はクラスで一番悪い。君だけが私の漢文の授業を熱心に聞いているのにだ。他の生徒は皆、大学受験の内職をしている」

　僕は言った。

「先生の試験の前夜、銭湯に行って家に帰ったら眠くなって、そのまままったく試験の準備をしないで、白紙同様の答案を出しました」

　先生は言われた。

「君は正直な人だから君の言葉を信じる。君はいつも熱心だからギリギリの及第点をつけておいた。漢文の点数が普通だったら君は一番だよ」。僕は兄との約束を果たすため、初めて受験の勉強をしたとは言わなかった。僕は漢文の講義の内容である中国哲学が大好きであった。先生の素朴な深みのある講義は僕を感動させた。これは大学受験には関係がなかった。漢文は二年で孔子、孟子を終えて、三年は老子、荘子の思想の講義が始まり、僕は感動し続けた。僕は愚かにも流行に追われて、東大法学部を受験し入学してしまった。中国哲学や中国史を専攻しないで法学部に入るとは、何という俗物だろう。立身出世を軽蔑した僕自身、立身出世主義に汚されていた。

一九三六年三月、高校卒業直前、東京で若い軍人や極右による軍事クーデター、いわゆる二・二六事件が起こった。すぐ鎮圧されたが、この事件で当時の右翼化・軍国主義化は決定的となった。こうして翌年日中事変が起こった。

東大入学――五城寮事件への参加

一九三六年四月、宿舎として兄が入っていた郷里仙台藩経営の五城寮に入った。入寮時の口答試問で「君は誰を尊敬するか」と聞かれた。試問者は寮の先輩と大学の上級生である。僕はすぐ答えた。「ゲーテです」。試問者曰く「ゲーテは自由主義者ではないか」。僕は質問した。「では誰を尊敬すればよいのですか」と。一人の上級生曰く「楠正行」と。僕はガッカリした。これらの試問者はみな東大卒業生か東大生だ。僕は高校時代の終わり、やっと自由の正しさ、良さを知り喜んでいた。それが何だ、この寮は。右翼急進派の巣窟ではないか。兄が前に入っていたのと、寮費が普通の下宿代の半分に近かったから入ったんだ。だが寮生が四、五〇名のこの学生寮にも対立のあることを知った。それは右翼――当時日本精神派と自らを呼んだ――の学生と自由主義者の学生との対立だ。

五月、この対立が表面化した。右翼化した寮を自由主義的に改革しようとする学生と先の試問者に象徴される右翼体制派との対立が爆発した。僕が上級の猪岡修一先輩（後に仙台臨海鉄道社長）

東大時代

と近所のおでん屋で酒を飲んで帰寮したとき、僕たち二人は大声で肩を組んで「吹けば飛ぶような日本精神って何だ」と何度も怒鳴って寮内を走り回った。これが騒動のきっかけだと寮の体制派、つまり右翼のリーダーは言った。事実は分からない。僕は自由主義派、つまり反乱軍として寮の理事会から退寮を命じられたのは六月末頃か。理事は枢密院議員の元高官の某氏、衆議院副議長の某氏、旧制一高教授の某氏等々。その争いの中で僕は顎の下に傷を負い、そこがケロイド状になって今も残る。この問題は郷里宮城県の有力新聞「河北新報」に「在京五城寮生騒ぐ」という中位の見出しで報じられた。その記事の中に「五名の正義派」として僕の名がのった。新聞に僕の名が出たのはこれが初めて。右翼や軍部が国を支配し始めた時期に、自由主義的反乱を起こした方が正義派と新聞が報じた。これも三、四年後に到来した軍部による完全な言論統制時代のことを考えると、自由主義派は消えゆく蝋燭の最後の明かりだった。

この事件は僕の健康に大きな影響を与えた。毎晩、夜半まで寮生たちは両派に分かれて議論した。これで僕の体の調子が崩れた。五名の正義派（自由主義者）の一人として退寮を命じられた僕は、素人下宿に移った。食事付きの下宿代は、入寮当時の倍近くであった。そこで部屋だけ借りて外食をした。これが悪かった。野菜を食べない不衛生な生活に落ち込んだ。栄養に無知な僕であった。体がだるくなり、歩行が苦しくなった。町の開業医に見せると重い脚気だという。僕の母の長兄が明治の半ばすぎ、東大医学部の学生として上京した頃、下宿で二、三カ月後に急死した。それはビタミン不足からくる脚気衝心（脚気のため心臓が犯され急死する病気）のためだ。母の一族は悲痛のどん底に落ちた。当時、この兄の成功に一族はすべてをかけていた。七月僕は郷里に帰った。医師の父や長兄によると、やはり重い脚気だという。そのほかに呼吸器も冒され始めていたことを僕は後で知る。兄も両親も呼吸器病を恐れていたから、僕がそれに罹っていたとは思いたくなかっただろう。軍隊に入ってすぐ、軍医から僕は呼吸器が冒されていることを検査の結果として知らされた。

政治学科への転科――南原繁先生を知る

僕は法学部の法律学科に入学した。だが法律学の講義にはほとんど関心がもてなかった。僕はやはりゲーテや中国哲学や中国思想史の方が向いていたのだろうか。帰郷して僕は無二の親友になっていた同じ法学部の渡辺乙彦君や父に相談した。僕は東京の水が合わないから、仙台の東北大学の文学部に移ろうと考えた。これは父や渡辺君の猛反対で取り止めた。せっかく東大の法学部に入ったのではないかと言う。脚気は家にいればなおると両親は言う。僕は東京と郷里を往復する生活をした。郷里にいる方が多かったであろう。郷里で初めて社会科学関係の本を読みだした。高校時代まで僕にはこの方面の勉強が不足していた。それで僕は翌年、東京の大学はやめないかわり、法律学科から同じ学部の政治学科に転科することを父に求めた。僕を判事にしたかった父は反対したが、政治家にはならないということで許した。政治学科でも法学部の一部であったので、法律学の科目が多かった。僕は講義にはあまり出なかったので、成績は悪かった。外務省の試験を受けて落ちたほか、どこの就職口も探さなかった。母の甥の萱場四（資）郎が発明家で、萱場産業という当時の大企業の社長だった。ここで働くことを考えていた。

僕は南原繁先生のヨーロッパ政治思想史の講義によく出た。翌年同じ講義に出て、先生に「もう出なくとも良い」といわれた。開講の講義で「真に学問的関心をもつ人だけ出てほしい。就職のことを考えて出る人は困る」と言われた。

天皇の行幸とあんぱん事件

軍国主義の大波は東京大学にも押し寄せてきた。昭和天皇が何年かぶりで来られるといい、大学当局は学生に大学正門の前で天皇を出迎えるように指示した。病気で帰郷中の僕にも知らせがあった。病気が少し回復したので、僕は夜行列車で上野に着き、急いで大学に来た。正門を中心として多数の人が行列をなして集まっている。一番前に高齢者の市民が座り、その後ろに制服制帽の学生が立ち、さらにその後ろに一般市民が立っていた。

時間に遅れた僕は急いで真ん中の学生の列に割り込もうとした。その瞬間、突然、大変な強さで僕の右手首を握りしめた人がいた。中年の目の鋭い男がそこにいて、「警視庁の刑事だ」と低く言った。そして僕の手首を握りしめたまま、僕を近くの小路に連行して手を離した。彼はすぐ鋭く「上着のポケットの中のものを出せ」と言い、僕はそれを取り出した。それは朝食用に上野駅で買った五個のあんぱんのうちの二つ半の食べ残しであった。そのあんぱんでポケットは膨らんでいた。

天皇の来る直前に、どちらかというと粗末な服装の制服制帽の男が、一番後ろから学生の行列に向かって飛び出した。それを刑事は手榴弾を持った犯人と疑い連行して調べたのだろう。手榴弾の代わりに白い紙袋に入った、食べ残りのあんぱんが出てきた。刑事はきっとがっかりしたであろう。だが僕は強い屈辱感に溢れた。そして彼を睨んで「なぜ犯罪人みたいに乱暴に扱うんですか」と抗議した。人々が集まってきた。彼は前より柔らかい態度で、しかし睨みつける態度はそのままで「すまん」とも言わず急いで去っていった。魯迅は『狂人日記』や『阿Ｑ正伝』を書いて、中国社会の矛盾を指摘し中国革命に貢献した。彼は「暴君の下の臣民」は、暴君と同じか又はそれ以上に乱暴であると言った。僕はその時、刑事を暴君の下の典型的暴民と考えた。僕は刑事の横暴な行動に強く憤った。しかし刑事の行動の原因になった、背後の恐るべき権力機構にはまだ気が付いていなかった。そのことに真に気付くのは、兵隊になり、そして大陸に渡ってからである。

僕は大学生中、健康が一進一退しながら次第に悪化した。兵隊になった直後、軍医が認めたように呼吸器にかなりの異常が生じていた。僕の学生時代中期からの無気力は、それと関係があったに違いない。つまり脚気のほかに結核が発病していた。それに僕のみならず医師の父が気付かなかったとは！　とにかく、郷里と物価が三倍に跳ね上がった東京を往復しながら、僕は一九四一年末、一般の学生よりずっと遅く大学を出た。その直前に太平洋戦争は始まった。この緒戦の思いがけない勝利に喜んだほど軽薄な僕であった。

第二章　兵隊生活

入隊と幹部候補生

一九四二年二月一日、僕は郷里の人々の歓呼の声に送られて、勇んで仙台の歩兵第四連隊に入隊した。その日の朝、体温を測ると三八度を少し越えていた。僕は単なる風邪と考えた。昨日は大雪の中を郷里の各所を挨拶回りに訪ね歩いた。緊張していたせいか、それほどの疲労を感じなかった。四日後、兵営の庭で訓練中、連隊の軍医大尉が馬に乗って走ってきた。そして僕たち新兵の前で停止して言った。

「相沢二等兵（二等兵は最下級の兵隊）はおるか」

「はい、ここにおります」

「体の具合はどうか」

「はい、何ともありません」

「そうか。よし」

緒戦での対米英戦争における予想外の勝利。戦争に消極的だった僕もこの勝利に酔い、最近の無気力をいっきょに振り払おうとしたほど張りきっていた。これが軍医の質問に対する僕の答えを生んだ。軍医は入隊直後のレントゲン検査で胸部の異常を知った。これを僕は、後日、演習中に突然、卒倒して陸軍病院に強制入院させられた後、別の軍医によって知らされた。入隊直後の僕の軍医に対する返事は虚勢(見せかけの元気のよさ)の産物にすぎなかった。

同じ中隊に入った兵隊十数名は、みな大学か高等専門学校の卒業生であり、初めから幹部候補生(以下候補生)の要員とされていた。これは入隊して初めて知った。そして「お前らはすべて候補生の試験を受けなくてはならない」と言われた。候補生制度はもともと志願制だったはず。それが僕の場合は義務制、つまり強制的制度に変わった。身体に自信のない僕は試験にも自信がない。軍隊の大きな圧力が感じられた。思いがけない緒戦の勝利に喜び、万歳の声に送られて入隊したが、強大な米英との戦争にはずっと前から疑問をもっていた。どうせこの戦争で死ぬのだから、幹部(将校か下士官)になって死んだ方がよいと考えるようになった。

三月に幸い試験に合格した。いや、させてもらった。候補生には甲種と乙種があり、甲種は下級将校、乙種は下士官になる。太っ腹で優しい主任教官の三宅中尉と僕はウマが合った。僕の右足の踵《かかと》がひどく化膿した。その際、僕は包帯をしたまま右足を引きずって、数日間雪解けの中の猛訓練に参加したほど、僕は糞真面目な兵隊であった。兵営内の整頓や身体を使う訓練ではかなり劣っていたが、軍人勅諭や歩兵操典のような教科書を記憶することでは人並みだった。そのため倍率二倍半ほどの甲種試験に合格した。

だがより身体が楽なために僕が歩兵よりも望んだ経理科（主計科）の候補生試験には落ちた。法学部出身の僕が落ちた理由を中隊の下士官から聞かれた。僕は法学部の政治学科出身で法律学科出身ではないので、選択科目の商法は取らなかった。だが経理の試験では商法の問題が一題出ただけなので、白紙の答案を出したと言った。試験の倍率は約四十数倍であった。

他の兵隊たち

最下位の兵隊つまり二等兵は、上級の兵隊から手で顔を殴られること、つまりビンタを必ず経験する。個人的ミスでビンタを受けることもあるが、共同責任を負うという形でビンタを受けたことが多い。僕は最初のビンタには驚いたが、すぐ慣れた。生まれつき不器用で身体の動作ののろい僕は、そのことで何度かビンタを受けたが、傲慢だということで受けたことはない。

日本の兵隊は戦争中残虐な行為をしたということで有名だが、多かれ少なかれ兵隊は戦場では残虐になる。兵営で最下位の兵隊のとき会った兵隊には意地悪い人もいたが、多くの兵隊は良い人だった。将校は絶対の権力をもつから、どうしても権力を乱用しがちだ。

兵隊の主な関心は、彼らが家に残した家族、つまり妻や子や老いた両親の安否に向けられている。その家族のほとんどすべては、農村や山村や漁村で厳しい労働を強いられている。身体を使うことからいえば、今の兵隊暮らしの方が——戦場での戦闘の場合は別として——家にいたときより楽だという兵隊が多い。不思議だったのは、天皇に対する関心が兵隊たちの中にはあまり見られないことだ。ふだん「上官の命令は天皇の命令と考えよ」と教えられていて、不当な上官の命令が、天皇の命令といわれて出されすぎると、この点から天皇になじめなくなる。僕は予備士官学校に入ってから、そういう強い思いを体験した。戦地帰りの何人かの兵隊から聞いたことだが、病死者や戦死者が死ぬときは、妻や母や恋人の名を呼ぶことが多くて、教科書にでてくるように「天皇陛下万歳」と言って死ぬ人は非常に少ないという。

仙台予備士官学校のこと

甲種幹部候補生になると、予備役将校を養成する予備士官学校に入校する。この学校は日本全国にいくつもあるが、僕は四月、仙台のそれに入校する。その前後、僕は体の不調をますます感ずるようになり、演習から帰ると寝台で横になることが多くなった。

死の問題は切実だったが、この戦争で死ぬ覚悟は一応できた。「武士道とは死ぬことである」という言葉を自分の信念としてもつことに努力した。この言葉は『葉隠論語』にある。この本は佐賀藩の武士、山本常朝《やまもとつねとも》の言葉をまとめたもので、封建社会の武士の有名な哲学書だ。ただいかにして死ぬかは僕にとって未解決だった。理想的な女性と出会って真剣な恋愛をすることができなかったことが悔いられた。中学時代から大学時代までの最良の親友の渡辺乙彦は、きわめて真面目で純真な青年で、とことんまで恋愛に突き進んで心身を壊した。彼は結核にかかって在学中に死んだ。彼の母親の切なる願いで、一緒に過ごして彼の面倒をみたため、年末の年に一度の試験をほとんど受験せず父に叱責された。彼のことを考えるといつも胸が熱くなった。

　四月初め予備士官学校入校の三日前、僕は中隊の人事係曹長――こういう下士官には下から叩き上げた苦労人で尊敬すべき人が多かった――から呼ばれ、歩兵四連隊の高級主計（主計中尉）がお呼びだという。すぐ連隊本部に行きその中尉と初めて会う。背が高く堂々としており、目が爛々《らんらん》と光っている。以下は二人の会話である。

「ご苦労。俺は早稲田の政経（学部）をでた。お前は身体が弱いと聞いとる。歩兵将校になるのは無理だ。軍は優秀な主計将校を必要としとる。主計を志願する気はないか。すぐ主計中尉になる。歩兵は学校を出ても少尉になるまでは時間がかかる」

「私は優秀な主計将校になることはできません。すでに主計科の候補生の試験に落ち、歩兵科に回されました」

「そのことは知っとる。私の言うのはそれとは違う。心配するな。試験はむろんあるが心配は無用だ」

「おっしゃる主計将校は職業軍人としての主計将校ではありませんか」

「その通りだ。しかし七年間勤務すればよい。歩兵将校はそのあいだに戦死するに決まっとる」

「高級主計殿の御厚意に感謝申し上げますが、私は職業軍人になる気持ちはありません」

「分かった。ご苦労」

その日の晩、帰郷し両親の許で二泊した。これが両親との最後の会合だ。その後、予備士官学校で半年間訓練を受ける。両親にはすべてを打ち明けた。脚気のほかに肋膜炎（結核の一種）にかかっていることを軍医から報告されたこと、高級主計から勧誘されて断った主計将校志願のことなどを。母は息子が結核にかかった（たぶん学生時代にかかった）ことをどうしても信じなかった。父は医師として息子の結核を見抜けなかったことで、心理的に打ちのめされたように見えた。

校長の訓辞と僕の挙手

一九四二年四月半ばの入校式に学校長の訓辞があった。

「皇軍（日本軍）は来年の今頃、敵都ワシントンを占領する計画である。諸子（諸君）は将校として有史以来のこの偉業に直接参加する。本官はこのことを衷心より喜ぶ。だが、諸子はみな専門の学問・技術を習得するため、大学や高等専門学校に入学し卒業したはず。軍人になることを考えてそうしたわけではあるまい。そこで諸子の中には本校入校を快《こころよ》しとしない者がいる筈である。そのものは正直に挙手せよ」

この訓辞を聞く甲種幹部生は八〇八名。関東、東北、北海道出身者。すぐ真っ先に挙手した者がいた。三〇秒ほど経って僕が挙手した。校長は言った。

「すでに二人が挙手した。ほかにもっといる筈。若干の時間を与える」

次に五人が挙手し合計七名が挙手した。校長は言った。

「挙手した者は正直でよろしい。その者は今、所属と姓名を言え。それらの者は徹底した訓練で、その精神を徹底的に鍛え直す。教官及び助手はそれを念を入れて心得よ」

僕が挙手した理由は明確である。それは僕が子どもの時から育ててきた正直という道徳の基本を発揮する絶好の機会であった。正直、すなわち嘘をつかないことは、わが家の家訓であり、六人の兄姉に共通の教えだった。末っ子の僕が一番正直だと言われた。だから僕は世間からバカ正直と言われときどき損をした。僕は損をしても構わないと信じてきた。

僕が挙手したもう一つの理由は校長を信頼したことだ。彼の訓辞の格調の高さと情理をつくした内容によって、彼は僕を引き付けた。強い平和主義者となった君が、校長の陸軍少将をそこまで尊敬するのかと人は言うだろう。少なくとも僕は彼の立派な訓辞を聞いて魅了された。軍人には学校長のように尊敬すべき人がかなりいた。敗戦後は、狭い視野と根拠のないエリート意識をもった軍国主義者が職業軍人だと思われがちだ。だがそれは事実に反する。

挙手した七人は学校内で特別に監視された。時の経つうちに、七人の中で最も将校たるに相応しくないと見られた者は僕である。本年は一年かかる養成期間は半年間に短縮され、訓練は速度と激しさを増した。生来動作ののろい僕は、体内に潜む病魔のために、肉体的精神的にますます無力になっていった。

見習士官との不和

兵隊が入隊以来毎日日誌（日記）をつけて直属上官に出す義務は、この学校に入校しても続いた。ある日僕は日誌に「愛はこの世を天国にする」と書いた。愛は軍隊でも大切だということを知り始めていた僕は自然にそう書いた。愛はキリスト教国・米英の思想の大切な点かも知れないが、同盟国ドイツもキリスト教国の一つである。ただ日本のマスコミの一部は、「愛」の思想が敵の思想であることを前から宣伝していた。詩を読み詩を朗読するのが趣味の一つである僕にとっては、フリードリヒ・シラー（Friedrich Schiller）の書いた「余所から来た乙女」は愛誦歌の一つだった。「愛はこの世を天国にする」はこの詩の末尾にある。ちなみに僕は敗戦後、友人のパーティや知人の結婚披露宴でよく暗唱する。なによりも素朴で初々しい詩である。

直属の見習士官（以下Sと略）は僕の「愛」の言葉を見逃さなかった。区隊四〇名全員を集めてSは怒号した。

「相沢候補生はこの言葉をここで説明しなくてはならない。この言葉は最も間違っており、最も憎むべき米英の思想の表現だ」と。

僕はSの凄い剣幕と強圧的態度に押されて、下を見て一言も言うことができなかった。堂々と説明すべきだった。これは僕の過失の一つだった。学校長の前であれば、何とか説明することができたであろう。僕は敗北感を味わうと同時にむらむらと闘争心を起こした。

その後、学校長から「校内ではどんな私的制裁も禁止する」という命令（規則）が出た。ビンタの禁止であり皆喜んだ。その数日後、僕たちの目の前でビンタがSによって行われた。僕に対してではなく小野候補生（以下Oと略）に対して行われた。彼は僕と違い頑強で六大学の有名な野球選手であり、入校後僕と仲良しになった。校内では寝台が近い所にあった。彼は野外演習中に軽機関銃の銃口の蓋を紛失した。よくあることだ。そのことで彼はSから数回、烈しく殴られた。学校長命令が出てから間もない。親しい友人が命令違反で不当な扱いを受けたのを見て、正義感の強い僕は黙っておれない。自分がやられたなら黙っていたかもしれない。僕はSと区隊の全員の前で言った。

「諸君、聞いてくれ。見習士官S殿は今、学校長命令に反してO候補生に私的制裁を加えた。それは学校長命令違反だ。諸君はけしからんと思わんか」

その瞬間、居合わせた候補生は一斉に下を向いて黙った。Sの表情は分からない。

Sの反応はすぐ始まった。それは陰湿で卑劣なものだった。公然とした正々堂々のいじめではなかった。人の見ているところで公然とはできないいじめだ。二日に一度、夕方彼は外出する。これは将校の特権である。夜九時頃、グデングデンに酔って帰営する。外泊は許されていない。彼はひっそり僕を呼ぶ。寝床に入ったばかりの僕は人影のない、暗い物置の前に立つ。

「相沢候補生、おーっ！　敬礼が悪い！」

こう言って三、四回僕の顔を強く殴る。これが約十日間、同じように続いた。酔いにまかせて殴る。僕は彼のなすままに委せた。一言も言わない。殴られる理由は明白だ。僕は殴られるのに一生懸命耐えたのではない。平気になって耐えた。強い風が僕に当たっている感じだ。僕は精神的には強いつもりだ。旧制高校時代に友にも言われた、「相沢、君は実に強い」と。こんな卑劣なSの行為は無視するに限る。無視することでかえって勝つ。殴っている最中、人の気配がするとSはすーっと去る。人に見つかるのがいやなのだ。また、彼は僕の平然たる態度に苛立ちを感じたようだ。「S殿、口が滑って無礼なことを申し上げました。僕が悪かったです。お許しください」とでも言えばよかったという見方もある。僕はそれをしなかった。

ただ残念なことは僕の健康が悪化していたことだ。僕の呼吸器はかなり悪くなりつつあったと後から考えて思う。校長に面会してこのSの行為を話すことも考えた。だがそれは軍隊の絶対的な階級制度とそれに基づく秩序に阻まれてできないだろう。校長に直訴（定まった手続きを踏まずに直接校長に訴えること）は非常手段だ。僕に好意をもっている佐藤大尉に頼もうか。それも他人委せだ。一人で戦おう。Sの行為は卑劣を通り越して出鱈目だ。まともに相手にすれば僕の魂がすたる。酒の酔いに委せなければ出来ない卑劣な、軍人精神に反する彼の行為を受けることで、かえって精神的に勝つことができる。これが彼に勝つ唯一の方法だ。こう考えたから、悔しさや悲しさはなかった。これは嘘でも強がりでもない。これは今の言葉でいうと、無抵抗の抵抗である。恐いものは何もない。いや、身体のますます増す不調だけが恐い。

訓練で重い背嚢をかついで駆け足をする。僕ひとり遅れる。一〇〇メートル以上走ると僕だけ四

○メートルは遅れる。胸が苦しい。呼吸も困難だ。
　思い切って、軍医に診断を乞う願書を書いて出した。これにも直属上官Ｓの許可が必要だ。そのＳに憎まれている。Ｓは予想通りその願書をひねりつぶした。彼はその時言った。

「お前は精神が米英のと同じでたるんでいる。だから病気になる。軍医に診てもらう必要なし！」と。

　問題はここまで進んだ。僕はＳに殺されると思った。その日はいつか。死そのものはもう恐れていない。だが彼に負けていないのに彼に殺されるのは、御免だと考えた。僕の緊急事態は迫っていた。

天皇の名の下での暴行

　一九四二年六月頃の昼過ぎ。日記はもうないからこれ以上のことは不明だ。区隊隊員全員が演習に参加していた。教官のＳの大きな号令が突然響いた。

「演習中止、相沢候補生、至急Ｓのところに来い！」

　その直前、僕は疲れ切って身体を自分の銃に託した。Ｓは二、三百メートル遠くから双眼鏡でそれを見た。僕を公然と弾劾する機会がついに来た。彼は勇みたった。彼は僕を前にして大声をあげた。

「お前は何のためにここに呼び出されたか」

僕は答えた。

「ただ今、銃によって身体を支えたために呼び出されました」

彼の叫びは一層大きくなった。

「皆よく聞け。相沢候補生は今、畏れ多くも天皇陛下から戴いた銃を杖の代わりにした。その罪は重大である」

そして彼は僕の顔を何度も素手で殴った。いつもより強いのに気付く。僕は例によって特別の苦痛を感じないし、平静な顔の表情も崩さない。ただ殴られてよろけて泥水――雨降り後の窪地に溜まった――の中に倒れた。眼鏡が飛んだ。眼鏡がないと何もできないから眼鏡をすくい上げた。

「眼鏡なんか後でいい。手で殴るのは汚らわしい」

こう言って彼は泥だらけの靴で僕を蹴る。足、脚から始まって左脇腹を蹴った。彼はまったく興奮している。僕の冷静さは続く。冷静さを失っていたならば、抵抗したであろう。人に傷つけられた熊のように。こうした状態に陥ると、僕はかえって冷静さを増す。最後に彼は銃の中にある細い鉄棒を持ってきた。それで僕の頭を鉄兜の上から何度も殴った。直接殴られれば脳をやられておしまいだ。鉄兜はところどころ凹んだ。

このことでSの行動を批判的に見る候補生が、O候補生を初めとして何人か出てきた。ある人が密かに言った。

「疲れて身体を銃で支えるなんて兵隊がよくやることだ。そんなことで何で、弱い相沢候補生をあんなにひどくやるんだ」

卒倒して意識不明となる

右の事件から何日経ったであろうか。身体はいよいよ弱ってゆく。重い装備をつけての歩行はきつさを増した。空がよく晴れて小さなちぎれ雲が早いスピードで東方に飛んでいる。僕たちの区隊は、学校の裏手の四、五キロ離れた小さな丘の薮の中を行進中であった。僕は地上に倒れた。起き上がることはできない。

意識は朦朧となった。その意識の中で、生きてきた二十数年の出来事が圧縮して現れた。次々に現れては消えた。そのスピードは速い。その記憶は今も鮮やかに残っている。その一つがこうだ。暖かい春の日差しの中、僕は郷里の家の縁側にいた。一緒にいたのは老年になる前の父と母。三人はそこから美しく華やかな広い庭を眺めていた。

それから学生時代の思い出が物凄い速さで現れては消えた。その内容は憶えていない。これで意識はまったく薄れた。これで死ぬと思った。早すぎるとか口惜しいという意識はなかった。苦痛もなかった。

どれほど時が流れたのか知らない。ただ誰かが僕の身体を揺り動かしている。いや、誰かが僕の手を握っている。どちらの手だったか憶えていない。耳元で誰かが僕に話しかけ、聞いている。

「気がついたか」

僕は意識を回復し視覚も戻ってきた。宍戸軍医中尉がいる。僕の胸を見ている。次にかなり大きな声で僕に話しかける。

「こんなに悪いのに、なぜ軍医に診せんか」

その理由は明らかだ。その場でそれを言うべきだったかもしれない。それが常識だ。僕はここでも常識に従わなかった。前に僕は宍戸軍医に診てもらうことを正式に申し出た。それは制度上、直属上官Sを通してのみできた。それができなかった。Sに睨まれたために診断を受けることをSが阻んだ。そして僕は倒れ人事不省に陥った。

僕が倒れた時、Sは僕のところに来なかった。それどころではない。彼はその後永久に僕のところに姿を出さなかった。僕のその後の長い入院中一度も僕を見舞わなかった。より高い地位の直属の将校、佐藤大尉は見舞いに来た。

Sは僕から逃亡した。直属上司としての重大な義務を放棄した。上官としてこんな失敗はない。上官たちがこの真相を知れば、どんなにSを叱ったことだろう。調査の上、Sは処罰を受けたであろう。それは明白である。僕がSに勝ったことは前に述べたが、ここで僕の勝利は一層確かなものになった。戦友の候補生たちは知っていた。彼らに僕は何も言わなかったが。

僕は軍医に何も言わなかった。S自身、罪を犯したと思っているに違いない。その証拠に彼は僕の前から逃亡した。こんな卑怯なことはない。僕が軍医に言えば彼は恥をかいたであろう。前からのこと、そして今度の僕の卒倒のことを考えると、僕の勝利は確実になった。僕はその時、死んでも、勝ったと考えていたから。それを僕は自分のお人好しと気の弱さとも考えない。僕は十分強かった。僕の理性は透明であった。ただ身体がやられていた。

倒れた後、僕の銃や重い装備をO候補生は担いでくれた。SがO候補生を規則に反して殴ったことで、僕は憤慨してSを批判した。これに非常に反発したSが僕を憎み、僕に私的制裁を加えた。これが事件のあらすじである。

陸軍病院入院

帰校した夜、僕は胸部に急に痛みを覚えた。衛生兵が飛んできてくれた。親切な人だった。二日後、学校附属病院に入院した。七、八十名の患者がいて、そのほとんどが呼吸器の患者だという。その中に重症患者が一人いて、それが僕だと衛生兵は言った。

その中にたまたま大学時代の友の一人、青柳正君がおり、手を取って再会を喜んだ。彼は岩手県の連隊から遅れて入校していた。学生時代に彼はある家に養子に入った。僕はその披露宴に友人総代として招かれて失敗した。僕は体質的に酒に大変弱い。たまたま喉が乾いたまま、披露宴に臨み、大きな朱塗りの大杯で二杯の日本酒を一度に飲んだ。それで酔いつぶれて、厳粛な披露宴の最中、横になって眠ってしまった。翌日帰宅して、父に将来が心配だと大いに叱られた。

僕は七月初め、重症患者として学校附属病院から師団の仙台陸軍病院に移された。学生時代は五十四、五キロの僕の体重が、入院した時は四七キロに減っていた。鏡で見ると急に老けて見えて顔に生気がなかった。これが二十代の青年かと思った。一〇人以上の患者のいる病室に入れられて、一日十七、八時間は眠っている日が一〇日あまり続いた。この病院の詳しい検査で軍医は、肋膜炎という診断を下した。大抵は結核菌の仕業だ。それは入隊直後に分かっていたのに、僕の変に強気な発言がこの結果を生んだ。軍医はあからさまに肺結核とは言わなかった。僕は人の嫌がる肺病病みだ。大体不治の病とされていた。それに脚気で心臓が肥大しているという。

約三カ月の療養で、病状がある程度軽くなったとされて、僕は本院から福島県の北部の山峡にある病院の分院に送られた。

分院長の軍医中尉は中年の開業医出身で、人情味のある人だった。ある日の朝、院長に呼ばれ、彼は僕が予備士官学校を退校、候補生を免除されたと言った。その結果、僕は軍曹の階級から四階級下の一等兵に下がった。予期したことであった。予備士官学校の校則では、六〇日以上訓練を休む場合は退校となり、階級は一等兵に下がることになっていた。院長は気の毒がって、軍曹の記章はそのままにしておいてよい、皆も同情している、と言った。だが僕は気がとがめた。被服係の兵隊に頼んで、一等兵の肩章その他の記章に付け替えた。内心ホッと安心したが、敬礼の度数が増えた。その後のある日の午後、「気をつけ」という大声が上がり、皆立ち上がって不動の姿勢を取った。そこには予備士官学校を卒業して新しい見習士官服に長身の身体を包み、将校の長剣をつけた士官学校の同期、馬渕見習士官の晴れ姿があった。彼は郷里が分院に近く、中国戦線に発つ直前の寸暇に、僕のありかを探して尋ねてくれた。その時の二人の対話だ。

「士官学校卒業、おめでとう。君は将校服が良く似合うよ。羨ましいよ」

「いや、君は地方（軍隊以外の場所）に帰れて羨ましいよ」

「俺は敗残者さ。身体が良くなればまた召集される。その時は一等兵だよ」

「お互い達者でな」

自然との対話

分院での三カ月、僕は入院以来、最も心の休まる日々を過ごした。ここでは温泉療法という治療を受けた。一室に備え付けてある冷水の風呂と暑い温泉の風呂に五分ずつ入る。毎日午前と午後にこれを行なう。この分院で僕はさまざまな自由な思いに耽った。秋のたけなわ、樹や小川の流れや空が殊に美しく感じられた。分院の庭を散歩中、見えるのは晴れた青空と高い緑の樹々。秋の風に揺れる樹々の枝や葉。そして心地よい音色を出している風。風がそよ風に変わると、樹々の枝や葉が愉快そうに見える。僕に微笑みかけている。風が強くなると、大きく身体を揺すっている。それでも楽しそうだ。こうして樹々と僕との対話が始まる。僕は自然に囲まれ小山や小川の多いところで僕は育った。しかし樹と対話するのは初めてだ。直接には枝や葉や草と話す。

「ええな、お前だつ（ち）、生き生きす（し）てて！　兵隊になんなくて羨ます（し）いな！」

「そんだよ、楽す（し）いよ！　俺たず（ち）、何時までも元気で楽すいよ！」

これは幻想といわれても仕方がない。だが僕にとっては全くの幻想ではなかった。その時の実感だった。しかも嬉しく幸福な体験であった。予備士官学校時代、横暴な上官との壮絶な戦いをし、重病になって演習中に人事不省で倒れた僕。そして一種の臨死体験直前の体験をした僕。その僕にとって、それは一種の病的心理の経験であっただろう。それにしても、それは真実な厳粛な経験であった。その後、こうした経験を味わうことができない。事実そうした会話はできない。

半世紀後の今、家の近くの井の頭公園内の高い松の樹の下に二日に一度は行く。そこで人が近くにいない時、大声でやる。独語の詩の朗唱である。詩はゲーテの自然と愛を謳った「五月の歌」。例の劇的な叙事詩「魔王」。また僕が勝手に漢詩の詩吟調に織り込んだ、これまたゲーテの短い詩「さすらい人の夜の歌」等である。

分院には近隣の山村や農村の人たちが傷病兵の慰問に来た。都市の人たちと違っている。純朴で素朴そのものだ。この本で僕は素朴を良い意味でしか使わない。素朴は善である。今の日本人は全体的に文明に汚されて素朴ではない。今の都市化された農村も、ある程度そうなっているのではないか。半世紀前はそうでなかった。

かれらが何度か女性を中心となって来た。栗やさつまいもや餅や茸を食べることができるように料理してお土産にくれた。常に腹のすいている傷病兵は歓声をあげた。僕たちはたまに病院から支給される菓子等で歓迎した。規則で傷病兵たちは女性の慰問客たちに近寄ることは禁止されていた。またその後、大都市・仙台の上流夫人が形ばかりの見舞いに来た。僕たちは暖房のない寒い室のベッドで二時間も待たされた。その前を彼女は飛鳥のように走り去った。金持ちなのに何の土産も持ってこない。僕たちは「高慢ちきな女」と怒った。庶民の女性と上流の女性との何という違い！これは本院に帰ってからの出来事だ。

本院に帰る

二カ月あまりの分院生活から本院に帰ったのは、冬の気配を感じさせる十一月末だった。僕の入った部屋は六人の下級兵士用の小部屋だった。ほかの五人はいい人たちだった。下級兵士用の病室には、東北の寒い冬も暖房の設備がない。下士官と将校の部屋には石炭ストーブがあった。僕たち六人は食堂や便所に行くとき以外は、寝台の毛布にくるまって寝ていた。

それでもこの小部屋では笑い声が絶えない。僕も部屋を明るくする手伝いをした。他の五人は戦場で傷ついたり重い病気にかかっていた。僕は部屋に入るとすぐ五人の傷病兵から「すあま」を五つもらった。一本十銭で、粳《うるち》（炊いた時粘り気の少ない普通の米）に砂糖を混ぜ蒸してついた餅菓子である。彼らの給料は月七円から十二、三円である。彼らは相沢を体が弱く学校出なのに、要領が悪くて予備士官学校を中途で退学し、規則とはいえ、下士官から一兵卒に下がった敗残者と見たようだ。

彼らは自分のみじめな境遇や負傷のことも話さない。だが彼らの飾り気のなさや率直さが大好きだった。人は階級が上がったり地位が高くなると、格好づけや虚飾に囚われる。どこの社会にもあることだ。そういう良い傷病兵にたまたま会ったのかもしれない。僕が敗残者でなければ、彼らの虚飾のなさにも、僕との間の壁を取り払う態度にも接しなかったであろう。一時的にしても、僕と彼らとの間には階級の差がなかった。敗戦後、日本の軍人の残虐さがよく口にされた。それも事実であるが、下級兵士の、特に希望を失った傷病兵の哀れさ。この哀れさから来るある美しさ。僕はそれに魅せられた。僕と彼らとの間には温かい友情が生まれたと思う。彼らは何でもあけすけに話す。僕の部屋の室長であるO氏の話だけを述べる。中年の豪快な人で、入隊前は岩手県の一都市の電気器具商であった。南方戦線で重傷を負った。傷はかなり治っている。

入隊前、奥さんが二人目の子を身ごもったので身体が燃えてしようがない。それで町の遊郭に行って泊まった。彼は女性と抱き合って寝ていた。奥さんは家を出て、大きな腹を抱えたまま、許可もなしに二人の室に入った。いきなり布団をめくった。隣の大部屋の傷病兵も何人か来ていた。楽しい部屋だから大勢集まってくる。隣の大部屋はそうでもないらしい。僕のまだ与り知らぬ世界だ。部屋中が湧いて喜んだ。

その奥さんが一年半ぶりかで次の日曜日に病院に来るという。六人中、妻をもつもう一人の傷病兵がいた。戦場で重傷を負ったが今は歩けるまでに回復した。彼は港湾労働者として重い荷を担ぐ、もとの仕事には戻れそうもない。心の優しい、おとなしい人である。この人が提案した。

「室長殿。奥さん来た時、俺たつ（ち）、部屋の外で誰も入ってこないように番をすっぺ（しよう）。久しぶりに奥さんとやれよ。室長殿も奥さんもだいぶ溜まってってっからな」

部屋の兵隊たちはこの案に賛成した。その日が来た。僕たちはその実行にとりかかる。部屋の窓を閉める。部屋はO室長と奥さんだけにする。奥さんが見えた。可愛い十歳くらいの娘さんを連れていた。三十代の、きれいなほっそりしたご婦人だ。

　それで僕たちの計画は駄目になった。僕たちが三人を残して室を出ようとすると、室長はご馳走を一緒に食べてくれとしきりに言う。奥さん手作りのあんこ餅、干し柿、野菜や魚を美味しく煮たのをたくさんご馳走になった。久しぶりの大ご馳走だった。

　もう一つ。前述した既婚の兵隊の結婚話である。彼は初年兵の時、ある日曜の昼すぎ、仙台のある映画館で少女と知り合った。彼は宮城県の貧農の生まれだった。彼女は仙台生まれで小さな雑貨屋の娘。映画がはねてから娘の家に行く。彼はおとなしい性格でハンサムだから、彼女の両親も彼が気に入った。そこでその晩、彼女の家で三三九度の杯を交わした。つまり結婚式を挙げた。彼女の母親は二階に二人の寝具を敷いて、身体も一つになった。「気持ちよかったよ」と彼は後で僕たちに言った。門限の来る前に急いで兵営に帰った。これは彼が戦場で戦傷を負う前のこと。最近彼の妻は病院に見舞いに来ない。そこで彼は僕に彼女宛の手紙を書いてくれと言う。むろん僕は手紙を書いた。

　彼は貧しくて六年制の義務教育すら受けることができなかった。そういう人が兵隊の中には何人もいることを僕は知らなかった。それは僕の無知である。結婚についてだが、当時も僕の周辺の社会では、それも極貧の農家でなかったせいか、結婚式は仲人を立て神官、僧侶、神父、牧師の前で行なわれた。この兵隊の結婚もまた立派な結婚である。格好のよい結婚式を敗戦の年に行なったその僕が、次のように言うのも可笑しいが、今の結婚は派手な披露宴を伴って、その派手さの影に見え隠れする金と見栄《みえ》、その中で心が、真心が失われている。

僕は同じ室の患者仲間に何事も隠さない、飾り気のなさに深く感動した。これもまた高度なモラルの一つだと僕は考えた。

第三章　満州（中国東北部）へ

民族協和に憧れて満州へ

一九四三年三月初め、僕は仙台陸軍病院を退院した。そしてコッソリ隠れるように帰郷した。いやな兵隊も辞めさせられて帰るから嬉しい筈なのに、恥ずかしい方が強かった。いつ終わるか分からない戦争の最中に、仲間は戦っているのに病気で帰されたから。それに病気は恐ろしい肺病だという。医者の息子なのにどうしたんだ。しかも将校でなくて下っ端の一等兵に落とされて帰ってきたそうだ。これが狭い郷里の社会では噂の種となった。

両親は喜ぶと同時に、僕の痛苦に満ちた告白を聞いて驚き泣いた。いつまでもここに居れ、と言う。僕はここに居たくなかった。遠いところに行きたい。あちこちから就職の話はあったが、まだ決めていない。死ぬ目に遭ったから死んだつもりで働こう。退院前の二月だったが、四月に満州に行く植民地役人の試験の広告が地元仙台の「河北新報」に載っていた。東亜諸民族が協和する理想の国造りの手伝いの仕事だ。何人かの友人や仲間もいた。高校時代の親友の上西健二郎はぜひ来いと言ってきた。近い同年輩の親戚もいる。民族協和は僕の思想にも合う。試験は仙台でも受けることができる。東京、京都、福岡でも行なわれる。外出し参考書を買い込み、一生懸命準備を始める。軍隊で卒倒してから頭の調子が学生時代より良い。幸い合格。健康は要注意とされたが通してくれた。例年より競争率が高くて十数倍だったのは、収入が日本より好いこと、兵役逃れに好いことだった。

両親は最後まで満州行きに反対。従兄の萱場四（資）郎が社長をしている萱場工業にでも行けばよいと言う。十月初めの出発の日、気丈夫な父は珍しく哀れな声で「どうす（し）ても行くのがや」と目を瞬《まばた》いた。明るい母は「もうすさす（久）には一生会ええん（ない）」と涙を流した。僕もこれが両親との生き別れだと考えた。やはり戦争の時代だ。

大同学院とは

大同学院（以下学院）は満州国という日本政府（というより日本軍部）が作った国家の最高教育機関である。この国家は、東亜諸民族、即ち日本人、中国人、朝鮮人、蒙古人、ロシア人の五つの民族の協和（心を合わせて仲良く暮らすこと）を理想とする。中国人は漢民族と満州族を含むとされた。中国には多くの少数民族がいるが、これはさておく。この協和の思想と実践を訓練する最高の機関が学院である。

一九三三年の第一期に始まって敗戦時の第十九期で終わる。僕は第十七期生。第十七期は総員約二百名、人数の順でいえば、日本人、中国人、朝鮮人、蒙古人、ロシア人から成っていた。これらの青年が自由で平等な立場に立って、自治的な共同生活をしながら、研究と訓練に励んだことはユニークだ。

満州事変の勃発は満州国成立の元になった。この事変の勃発が関東軍の謀略に依ったこと、このことの詳細な経過に、恥ずかしいことに僕はほとんど無知であった。日本人の大半が無知だったであろう。それほど日本の軍人官僚のマスコミ統制は巧みであった。僕の学んだ大学にも学問の自由抑圧の手が伸びていたことは知っているが、教授たちは満州事変や中国の実情などはもっと研究して発表し、学生を啓蒙すべきであった（これはきわめて困難だったとしても）。学院入学直後、中国系の何名かの学生が全学生の前で、詳細に理論的に整然と満州事変と満州国の成立について解明した。何と勇気と知性に溢れた学生たちであったことだろうか。僕は目の覚める思いがしたとともに恥ずかしくてたまらなかった。ここで僕は大きなミスを犯した。新中国の人々が満州国を偽満州と呼び、傀儡《かいらい》政権と称するのは当然である。

結果として僕は東亜諸民族、殊に中国人を侵略する日本政治の片棒を担いだ。その責任は負わなくてはならない。僕のその後の戦中及び戦後の、小さいが変わらない平和への思いと行動は、この責任を少しでも果たそうという決意と関わっている。満州国は日本の中央政治の出店であり、その主な政策も主な行政も中央政府が決定し、直接的には強大な関東軍が満州国を支配していたにしてもだ。

また日本の対中国政策は、遠く日清、日露の両戦争に遡るところの、直接にはロシアの極東政策に対する防衛の面をもつ。満州国建設を招いた満州事変には確かに黒い影があったが、学院卒業生の「挺身赴難《ていしんふなん》」（自分から進んで身を投げ出し困難な仕事に取り組む）の標語を掲げての無心な活動は、東洋史の秘史（世に知られない歴史）にユニークな一頁を残すであろう。

学院生の全満州視察の旅

学院内では普通の講義や講演のほかに、全学生が年に二回、約一カ月ずつかけて、十数名の班に分かれて、全満州各地で調査を行なった。それぞれ専攻した分野に従って、特定の地方に滞在して民衆生活に分け入り調査した。今でいう参与観察を行なった。各班は各民族から成っており、寝食を共にしての共同生活は、当時としてはユニークであり、各民族の相互理解に役立った。

僕が参加した一回目の調査は、南満州の大連・旅順地区の重工業の経済的立地条件についてだった。立地とは工業や農業を経営するさい、地勢や気候などの自然的条件や人口、交通などの社会的条件を考えて、土地を定めることだ。二回目は北満州の内蒙古に入植した、中国人（漢民族）農民の農業経営の調査だった。各班の調査の成果は、報告書にまとめられ、学院に帰ってからの報告会で口頭で発表した。それら全旅行の立案と実施の責任を負い、見事にそれを果たしたのは親友の疋田悦郎君だった。その卓越した頭脳と実行力と統率力は見上げたものだった。三年前に彼は死んで僕を慟哭させた。彼ほどの人物は今の日本の政治家にもいまい。最後は会社社長。僕が参加した報告書の作成と口頭での発表は、班員の意志で僕が担当した。僕の旅行中の健康は良くなかったが、僕は同士たちの並々ならぬ友情と助力に支えられて何とか任務を果たした。これらの報告書のコピーを僕は大事に保管していたが、後で新中国政府によって没収された。日本語による文書は、中国を去り日本に帰る時すべて没収されることになっていたから。

民族協和の実情

学院生は諸民族の協和について学ぶとともに、まず学院内の諸民族の協和の実行のために努力した。協和の実施が叫ばれるのは、現実に協和が足りないことを示しているといえる。日本人の他民族に対する優位が基本的にあり、協和はこの優位を前提とした上でのものであった。ここに民族協和の限界があり、この限界内で日系の学院生は協和の実現に心を砕いたのだ。

僕たち日系の学院生が他民族の学生から折に触れて聞いたこと、調査旅行中に現実に知ったことは、協和の思想から予想以上に遠かった。僕は日本にいた当時、それに無知だったことを恥じるとともに、それを可能にしたところの、日本のマスコミが軍国主義的に統制されていて、言論の自由がなかった事実を残念に思った。これを満州に来てから知るのは遅い。

僕は一旦ここに来た以上、限られた条件の下で、最善をつくそうと決心した。僕の心を強くとらえたのは、東亜諸民族、特に中国人と朝鮮半島の人々の苦しみの現実だった。

僕は一九四六年秋に帰国した。今後の生活を余生だと見た僕は、全体を静かに僕なりの研究をしながら過ごそうと考えた。僕なりの研究をしながらの勉強とは、新憲法、生まれるべくして生まれた国民主権、平和、基本的人権、ことに画期的な平和主義を柱とする憲法を守る勉強のことだ。

この勉強は、米国占領軍の意思が何ほどか係わっていたとはいえ、内容が基本的に正しいこの憲法を政治学、特に政治思想史の立場から深め広めようとするもの。この研究は僕が死ぬまで続く。この研究には敗戦前四年と敗戦後一年、特にその中の在満中の東亜諸民族、特に中国人に対する僕の責任と、罪を償おうと知る決意がこめられている。現に数年前に八十歳を越えた僕は、及ばずながらその決意を持続している。そのためもあって、誘われはしたが、旧満州にはまだ行く気になれない。

学院生間の思想的対立

当時は日本では、どこの青年のグループにもあることだったが、学院内にも思想的対立があった。便宜上、これを体制派と反体制派の対立と呼ぶ。

体制派は自分たちを日本精神派と呼んだ。満州ではより強い立場にあった。満州国という特殊な環境の下で、最後には日本政府、関東軍を後ろ盾としている。太平洋戦争の戦局が進むとともに、ある思想が主張され始めた。すでに日本国内のマスコミでは、公的な権力を背景として勢いを得はじめていた。それは満州国にも押し寄せた。それは神としての天皇を中心とし頂点とする神社思想だ。言い換えると、神社神道を中心とし、それを東洋と西洋のいろいろな哲学で飾りたてて自らを独自な、一種進んだと称する思想である。これが一部の青年やかなりのマスコミ人や軍人官僚の間に流行した。つまり神社神道の哲学的深化を特徴とする右翼思想の官製版だ。これは満州でも権威を振るい相手を攻撃し始めた。

その相手は自由主義派である。事実そう呼ばれていた。自由主義、それは彼にとって悪の象徴であった。敵米英の思想であった。自由主義者は反体制派であったが、より普遍的で人類的で世界的であったと思う。日本内地ではすでに弾圧の対象になっていた。満州でもこの状況に変わりはなかった。マルクス主義を中心とする、いわゆる左翼はすでに弾圧され、一部は地下に潜って息をひそめていた。左翼の弾圧は一応完了してから、戦争は始まった。体制側や政府の当面の敵は自由主義派であった。前に述べた五城寮事件は、体制派と自由主義派との激突であった。

僕は学生時代はゲーテを根本として自由主義に向かっていたが、それはまだ強固なものではなかった。だが兵隊時代に種々の経験を経て自由主義者になった。決定的に自由主義者となった。僕の場合、自由主義は平和主義と堅く結びつくことになった。それでも体制派にとって憎むべき存在だった。僕は満州国の国是である民族協和こそは、真の自由主義実現の場と考えた。そして満州に来た。けれども自由主義者の一部の学生は、満州と学院に見切りをつけ、いち早く日本に帰った。僕は民族協和に未だ希望をもち、殊に中国人との真の融和と競争に努めたいと考えた。

両者の対立は学院生全体の対立ではなく、日系学生間の対立として表面化した。日系以外の学院生は意識において識見や判断において、日系に勝るとも劣らなかった。いや、日系より一段と進んでいた。日系以外の学院生は例外はあったが、一般に自由主義派を意識的に支持していたように思う。左翼の支持者は日系以外にはかなり多かったであろうが、学院生としては表面的にそれを支持することができなかったであろう。僕自身はかなりの数の異民族学生と話す機会をもった。そこから彼らの内心に何ほどか触れた。彼らは各民族のエリート中のエリートであった。

全体として見て、彼らは熱心な自由主義派（そのなかには左翼がかなりいたと思う）の学生の方が、体制派の方より多かったと僕は判断している。表面的にでなく意識の根底を見ての話である。満州事変における日本軍の陰謀を明らかにした中国系学生の行動と理論は、それの端的な現れだ。思想的根底において体制派の方が弱かったが、ただ当局を強力なバックとしていた。学院上層部、つまり教官や政府の一部は、さらに関東軍と結びついていた。そして関東軍憲兵隊という満州で最も恐れられた強力な存在がその背後にあった。

学院生内の思想的対立は、入学早々からあったというよりも、調査旅行後、学院生や教官の一部の体制派として、それに対する自由主義派として表面化した。僕は自由主義派に属しただけでなく、一部からはその思想的リーダーと呼ばれた。そこで僕は学院を辞め満州を去り日本への帰国をすることも含めて、ある危機感を持ち始めていた。

風当たりの激化

僕は学院での毎朝の軍事訓練には殆ど出なかった。僕は前述した兵隊、幹部候補生としての経歴からいって、もうそれには出る必要はないと考えていた。また一時期、区隊長や学生委員を兼ねていた上に、健康が許さなかった。これが反学院的、反軍的行為であると、ある教官が全学生の集まる軍事教練の場で名指しで僕を攻撃した。別の教官は全学生の前で僕を、教練をさぼりながら、部屋で外国語の本を読んでいる自由主義者（米英主義者）と言った。僕をかばう数名の学生たち——自由主義派——が、その教官に対して強い抗議を行なった。

ついに学院の中佐の軍事教官に呼ばれた。身体が弱いという理由で軍事教練を休んでいるのに、前の日曜の夜、仲間と遅く——門限の九時前だが——酒を飲んで帰ったのはけしからん、これを院長に報告するぞと言う。いよいよ火の手が上がってきた。これも体制派の密告に違いない。この軍事教官は苦労した兵隊上がりの将校で、真面目だが優しい人。僕は好きだった。だが僕はすぐ言った。

「他の学院生は日曜日は皆、栄養を補給するためと言って外出し、遅く帰ります。半病人の僕は外出して栄養を補給することはもっと必要なんです。学院内の食事は一般の学院生にも栄養不足といわれています。院長先生に僕の行状を報告してください。明日にでも学院をやめて日本に帰ります。満州の実情は日本で考えていたのとまるで違います。民族協和という大理想は絵に描いた餅です。それに日本の戦争で協和の理想はさらに損なわれ、民衆は日本の戦争に協力させられて苦しんでいます。とにかく院長先生に僕のことを報告してください」

院長の井上忠也中将は、前の関東軍参謀長で日本の前首相、東條英機大将とそりが合わなかった人。日本軍の満州支配に特別に活動した人物。中国本土からは悪く思われたであろう。僕は軍事教官に言ったことをすぐ実行するつもりだった。未練はない。教官は僕の明白な言葉に対して言う。

「まあまあ、怒らんでくれ。事情は分かった」

僕に何か決断を要する大事な問題が起こった時、下手に出て僕の強い主張を受け入れる相手と妥協するのが、僕の短所。この場合もそうだった。一生の間に何度もあった。意見の違う相手の譲歩に応じて譲歩する。これは小学生時代、感激して読んだ明治維新の時の江戸城明け渡しの際の話と関係がある。このさいの勝海舟と西郷隆盛の会見での両者の寛大な態度が、問題を円満に解決し、江戸（東京）を戦火から救ったことが僕を感動させ、僕に大きな影響を与えた。

クラウゼヴィッツ文献の邦訳

僕は軍事訓練や講義をさぼって読書に励み、ある邦訳を始めた。リヒャルト・ブラシュケ博士（Dr. Richard Blaschke）の書いた“Clausewitz”（ドイツのレクラム文庫）は、約五〇頁の小冊子。この著者のことは何も知らない。ここに来る直前、東京の本郷の本屋で一〇銭（ラーメンと同じ値段）で買う。これを学院在学中に翻訳し卒業前に完了した。学院の友人の横山正久君と大沢博君が参考文献探しや翻訳の浄書、クラウゼヴィッツの肖像描きをしてくれた。横山君は豪快で明るい男（後に日本の大蔵省高官）、大沢君は秀才で詩人肌の男（後に日本の裁判所長）。二人に心から感謝する。

　尊敬する高橋正臣教官に見せると、彼はこれを新京（長春）の有斐閣満州支店に紹介、学院卒業直後の一九四四年秋、出版された。高橋教官は僕には過分な序文を書かれた。「禅坊主に似た、牛蒡の如き青年の驚くべき心的努力の所産」という風の。書名は出版社が『クラウゼヴィッツの人と思想、軍人にして戦争哲学者』とした。出版部数三〇〇〇部。日本内地にも送られた。

　僕は薄っぺらな独和辞典だけを使い、国語辞典を使えない窮状の中で仕事をした。そこでどんなに多くの誤訳と不適切な日本文を使ったことか。訳文も生硬だった。当時だから売れた。長谷川関東軍報道部長から賛辞の手紙をもらった。

　二人の友人が敗戦後、別々にソ連の強制収容所にある日本書の図書館で、この訳書を見たと、敗戦後七、八年頃に言った。僕は「恥ずかしくてたまらん」と言った。恥ずかしいのはたぶんミスだらけの翻訳についてだけではない。自由主義者、思想的犯罪者として学院の内外から睨まれていたのに対して、この睨みを和らげるために翻訳した一面のあることは否定できない。予備士官学校の上官の暴力とは違った脅威を感じていた。それに対処するために邦訳したことに良心の疚《やま》しさを感じていた。といって訳書の内容は、必ずしもナチスや軍国主義の礼賛ではない。ナチス反対ではないにしてもだ。

クラウゼヴィッツについて

クラウゼヴィッツ（Karl von Clausewitz, 一七八〇—一八三一）は十八・九世紀のドイツが生んだ世界的な戦争哲学者である。彼は軍人としてナポレオンの軍事的支配と戦った。ナポレオン戦争を科学的に分析して、戦争を政治と結びつけ、戦争を政治の延長と見たことで知られている。だが必ずしも戦争を礼賛する軍国主義者ではなく、戦争の科学的研究者であるといえる。だからレーニンの如き優れた革命的政治家は彼の「戦争論」を研究し、ソビエト革命上の戦略についてそれを参考にした。彼の好きな言葉は「汗を流すのを嫌う者は、それを嫌わない者によって必ず征服される」である。この理は今の人々についても当てはまる。第二次大戦後、彼は政治学者、例えば東北大学法学部の宮田光雄教授によっても取り上げられた。

ついでに古代中国の孫子について一言。彼はクラウゼヴィッツと並び称される戦争哲学者である。僕はあまり調べていないので書く資格はないが、彼の略歴については定説はないという。「敵を知り己を知ること」が戦《いくさ》に勝つ鍵だという彼の考えは日本でも有名である。太平洋戦争において米英は日本を知っていたし、知ろうと努力した。ベネディクトの『菊と刀』は優れた日本研究だが、これは戦時中の米国の学者の日本研究である。日本は米英を知らなかったし、より由々しいことは知ろうとする努力さえも敵視したことだ。知ろうとしたのは、敵の弱点であって長所ではなかった。中国についてもそうだった。そこからも日本の敗北は決まっていた。

「甚だ傲慢なり」

話題は陸軍病院時代にさかのぼる。兵営では昔から殊に下級兵士の間に兵隊生活を漫画化してからかう言葉があった。殊に陸軍病院ではそれによって、陰惨な日々を楽しもうとした。それはユーモラスであり、反軍的とは必ずしもいえない。その一つを紹介する。

(1)　幹部候補生（かんぶこうほしぇ）
幹部候補生とは、親の臑《すね》かず（じ）りの成れの果で（て）にす（し）て、将校たらずんば人《しと》にあらずと誤解す（し）て、身を予備士官学校に寄するにあり。とどのつまりは消耗品にす（し）て、日給わずか三十銭なれども、外出に際す（し）ては白き手套（てどう）などを使用す（し）、気障な敬礼などをおこない、甚だ傲慢なり。

(2)　下士官（かすかん）
下士官とは貧農の次男《ずなん》、三男の成れの果で（て）にす（し）て、耕すに土地なぐ（く）勤めるに職なぐ（く）、身を軍隊に寄するにあり。隊にありで（て）は初年兵に褌まで洗わしぇ（せ）、小夜食を悉《ことごと》ぐ（く）平らげで（て）はお代わりなどを請求す（し）、甚だ傲慢なり。

(3)　軍医（ぐんえ）
軍医《ぐんえ》とは開業医か委託学生の成れの果で（て）にす（し）て、まご（こ）とのぐんず（じ）んにもあらず、さりど（と）てまことの医者（えしゃ）にもあらず、その間をウロウロするものなり。ありど（と）あらゆる患者に対す（し）ては、アリピリンとフィナセッ（チ）ンとヨードッ（チ）ンキのみを使用す（し）、盲腸炎の手術に際す（し）ても――野戦《やしえん》では――麻酔剤も用え（い）ることなくす（し）て、甚だ傲慢なり。

(4) 看護婦

陸軍病院の看護婦とは、食うに職なく住むに家なぐ（く）嫁《とつ》ぐに相手なぐ（く）、身を陸軍病院に寄するにあり。苦痛を訴える患者に対す（し）ては『何です。それでも帝国軍人ですか』など叱り、盲腸炎のご（こ）とをアッペなどど（と）、片言交じりのドエ（イ）ツ語などを話（す）し、甚だ傲慢なり。

これ自身の内容は大したものではない。今から見れば単なる酒席のふざけ歌である。だが当時はそうではなかった。部屋中が興奮する。興奮は「下士官」のあたりから起こる。ほかの部屋から集まった者を入れて、十数名の下級傷病兵たちが興奮する。これを吟ずる時、右手を大きく右の方にあげて「興奮するな」と叫ぶ。そうすると興奮はピタリと止まる。僕はこれの作者とは必ずしもいえないが、吟ずる者であることは間違いない。ピタリと止まることは僕にとって面白かった。

軍隊とユーモア

この戯歌《ざれうた》（ふざけて作った歌）の中には高級将校や中級将校は出てこない。下級将校や下士官しか出てこない。彼らは兵隊で最も数の多い下級兵士から見れば、恵まれた上級者だ。将校は会社でいえば重役だ。

当時の兵営では堅苦しさが強すぎた。そのため笑いがなさすぎた。軍隊に限らず当時の日本にはユーモアがなく、ゆとりがなかった。いきりたつ緊張がありすぎた。それが人の心理や発想を不毛にし硬直化した。

真面目さとか真摯さはもともと必要なもの。だがそれは目的のためのもの、即ちその目的を実現するために必要なものだ。しかし真面目さや真摯さは大事なもの、つまりその目的をなくしてしまうことがある。ゲーテが言うように、それでそれ自身が目的となることがある。そこで真面目な外形を作ればよい。何を考えてもよい。真面目さを看板にすればよい。服装については寸分隙のない服装をすればよい、いや、しなくてはならない。だらしのない服装は禁物だ。敬意は上の方の人には十分払うが、下の人にはそうしない。

外から見えない限り、心の内では何を考えてもよい。人の目がなければ何をやってもよい。犯罪も人殺しもよい。外国の侵略も謀略を使ってやればよい。僕はこれに大反対だ。正直はこれと真正面からぶつかる。

要するに人前では自分は絶対に正しい。服装と言葉遣いも正しい。正しくないのは他の奴等だ。位や身分の低い連中だ。こういう人が幅を利かす社会は窮屈で堅苦しい。こういう社会ではユーモアは生まれない。人に優しく温かい社会でないとユーモアは出てこない。ユーモアが最も必要なのに生まれない。昔の軍隊はそういう社会だった。敗戦前の日本の社会も軍国主義が進むにつれてそうなった。日本の社会では、「娯楽」が必要なのに禁じられた事実を僕は憶えている。だから下級の傷病兵のいる陸軍病院の病室では、「傲慢なり」の如き内容の大したことのない「戯歌」が面白がられた。これは標準語の東京言葉ではやらない。東北の言葉のずうずう弁でやった方がよい。数年前に偉大な作家の井上ひさし氏が名作中の名作『吉利吉利人《きりきりじん》』で書いたような、立派なずうずう弁ではない。

仙台陸軍病院入院中、僕は上官である看護婦長に帯を引きずりながら歩いていて叱られた。「何です、その服装は！　帝国軍人らしくしなさい。それから、何とか『傲慢なり』、あれは何ですか」と。

僕が作者だと誤解されていると思った。僕は次のように言った。

「あれは僕だけで作ったんではねえんであります。また婦長殿のことを言ったんではねえんであります。婦長殿は住む家もあるんであります。嫁ぐに相手もあるんであります。すかすながら婦長殿は、畏《おそ》れ多くも天皇陛下のおんために、ここに勤務なさってえるんでありますす」

婦長はしばらく僕を見てから僕の側に来てポンと僕の肩を叩いて言った。

「まあ、人をばかにして」

彼女は珍しく心の広い、ユーモアを解する婦長であったと思う。

傲慢節の大きな反響

「傲慢節」の反響は、満州に行ってからの方が比較にならないほど大きかった。しかも日本人の間でなく中国人など異民族の間で大きかった。僕の東北弁が彼らに分かるのには驚いた。彼らは日本の標準語しか分からないと思っていた。大同学院入院後、昼食時に一週に一度開かれる宴会の時だ。その時は中国の白酒（パイチュー）を飲む。ある日、僕は誰にも頼まれないのに、「傲慢節」を吟じた。文字通り嵐のような反響が、異民族の学生の間に起こった。ゴーッという音である。可笑しさに対する笑い声が混じっている。傲慢節に含まれる日本の兵隊の悲しみにも、そこに秘められた、軍隊に対するユーモラスな皮肉にも気付いたであろう。僕はそれを反軍思想の表現とは考えなかった。前にも今もそう考えない。その後、宴会の始まる前に中国系や朝鮮系の学生、特に中国系の学生が僕の席に来て小声で囁いた。

「アイツァワツァン（アイザワサン）、アレ、傲慢ナリ、モ一度ヤッテ」

そういう彼らに頼まれなくとも、僕自身やりたいのだ。民族協和を理想とする国だ。誰に遠慮は要るものか。僕のような男は日本ではオッチョコチョイという。東北ではそのほかに「オダチモッコ」ともいう。学院での昼の会食には井上忠也院長も出て、「傲慢節」をニコニコしながら聞いてお

満州国経済部に入る

られた。内心はけしからんと考えておられたかもしれない。院長は敗戦後、シベリアの捕虜収容所で亡くなられた。他の何人かの高官のように、安全な場所に逃亡することは、他人が勧めてもされなかった。あのような広い心の人格者が旧軍人にときどきいた。僕は聴衆の興奮ぶりを見て、右手を大きく回して「興奮するな！」と叫んだ。その時、人々の興奮はピタリと静まる。それを僕は大いに楽しんだ。学院在学中、廊下などで中国系その他の学友に会うと、彼らは「興奮するな」が来たと言い、また僕がやったと同じように右手を前方に挙げて、「興奮するな」とも言った。

満州国経済部に入る

一九四四年九月、敗戦の約一年前、僕は学院を出て高等官試補として経済部の工務局の工業統制課に入った。長野富志夫・人事課長の強い勧めに応じてである。最初の仕事は全満州のラジオ真空管の公定価格を決める仕事だった。原価計算は学校で習ったことも本で読んだこともない。経済学は嫌いではなかった。早速片っ端から何冊かの本を買い、それをサブノートにして記憶し、そして専門家に聞いて回った。僕の頭脳の働きは、なぜか知らないが、健康の不調にかかわらず学生時代より良くなっていた。仕事の相手は、満州電業株式会社と満州電信電話株式会社という二大企業の課長と係長で、その方面のエキスパート。当方は素人の僕一人だから、僕の扱いは赤子の手をねじるように容易だったであろう。その仕事で一九四四年は終わった。役所の文章を書く仕事にもすぐ慣れた。

四五年、工務局内に新設された電気機械課に移った。仕事は電気機器の供給が全満州で不足していたことに応じて、その機器を修理する小企業をいくつか新設するとともに、それらを統合することだった。やはり満州電業と満州電電の同じ課長と係長が仕事のパートナーだった。大変お二人にはお世話になった。お二人がおられなければ、僕は何もできなかった。六月、ようやく要綱を作り、課長と僕を含む四人が全満州各地を回り新要綱を説明した。僕は中満州と北満州を担当した。

僕を役所嫌いにする決定的な事件が課内で起こった。僕は清廉潔白を貫くことを最初にして最後の課題としてきた。五月、民間の日本人の収賄のしつこい誘いを公然と断った。これが周囲の人の耳に入った時、「もらって皆で分ければいい」と上役の一人が言った。そしてその時「相沢は役人に向かない」と言われた。僕は「これが民族協和を目指す道義国家か」と呆れた。できる限り早く役人を辞めて大学などの研究職に移ることを考え始めた。その後間もなく敗戦となった。

関東軍中佐の忠告

今も忘れはしない一九四四年十二月十日のことだ。満州電業、満州電電の二企業、関東軍第一課、満州国経済部の四者による、仕事の打ち上げ会、つまり忘年会が南満州大連の一料亭で開かれた。僕はこんな高級な料亭には来たことがない。十二、三名の人が出席、経済部からは僕一人が出席した。

会がたけなわになった頃、日本酒二、三杯で酔った僕は「傲慢節」をやった。誰からも頼まれずにである。それをしたのは満州に来て三九回目だ。だがいつもと違って誰も興奮しないし、大声で笑う人もいない。四人はいた電業・電電関係者は下を向いて黙っている。軍関係の何人かの人は、上を向いて何も言わない。いつもと違う雰囲気である。関東軍の幹部の前で「傲慢節」をやったのは、これが初めてだ。僕はいつもの座興のつもりだし、酔ってはいたが理性は失っていない。

第一課の某中佐——僕とは仕事の上での上役であり、顔見知りである——は、「相沢君」と言って隣の部屋に僕を連れていった。大連で第一級の料理店というけれど、その部屋には時節柄、火鉢も何もない。南満州でも十二月は寒い。中佐は落ちついて言った。

「相沢君、君がやったあれだがな。明白に反軍の歌ではないか。君は大学出だ。それぐらいのことは分かっているだろう」

僕は答える。

「中佐殿、それは違います。私は反軍思想はもっていません。僕は候補生時代、見習士官の間違いを批判したために、いじめられ、殺される寸前まで追い詰められました。それに病気で候補生学校を中退しました。私の階級は一等兵です。その軍隊生活の間に自然にできたのが、あの『傲慢節』です。私だけがその作者ではありません。この歌は兵隊の心の叫びです。何が反軍であるものですか。中佐殿は職業軍人ですから、そうお考えになるんです」

僕より何歳か年長の中佐は「職業軍人」云々が気に障ったようだ。彼は言う。

「職業軍人であろうとなかろうと、天皇陛下の御前には等しく赤子（せきし）ではないか。君はあっちこっちでその歌をやっているそうじゃないか。新京の憲兵隊が君に目を付けているぞ。中国人に反軍思想を鼓吹していると言ってな！　気を付け給え！」

この言葉は僕を恐怖に突き落とした。少し残っていた僕の酔いは完全に覚めた。「泣く子も黙る」といわれた関東軍だ。その中で一番恐いのは憲兵隊である。僕はその当時すでにその実際の恐ろしさを聞いていた。思想の上で関東軍憲兵隊に睨まれた人は、ある方法で徐々に殺されるという。その人はソ満（ソビエト・ロシアと中国北部）国境に連れて行かれ、そこの要塞《てい》を構築する作業をする。休養も食糧も十分与えられないで重労働をする。たいていの人は死ぬ。体のいい死刑だ。僕は半病人だからすぐ死ぬ。せっかく兵隊生活を生き抜いた僕は、こんな場所で死にたくない。

しかし僕が憲兵隊から思想犯の嫌疑を掛けられていたとは！　僕は自分を当時は嫌われた自由主義者だと見てはいたが、それより悪いとされた左翼とは考えていなかった。意識的に一生懸命に中国人に優しく接した。これこそ民族協和の実践ではないか。それなのに中国人に反軍思想を吹き込んだとは！　中国のインテリは僕の「傲慢節」をあんなに喜んだ。至る所にスパイがいて僕を密告したのだ。一九四四年十二月十日以降、僕は「傲慢節」をやめた。宴会があると誰かが「傲慢節をやれ」と僕に声をかけたが、僕は断った。その理由は言わなかった。三月、沖縄が落ち、五月、ナチス・ドイツが降伏した後もやらなかった。

第四章　日本の敗戦と関東軍の行状

敗戦と日本軍

六月頃から長春市内では、ある目立つ動きがあった。それは関東軍司令部のある、この都市から関東軍将校が目立って減りだしたことだ。殊に目に付いたのは、関東軍の佐官級（中級）の将校たちが、家族を同伴してトラックでどこかへ移動している光景である。僕はそれを目撃した。

彼らの行動は間もなく起きるソ連軍の満州侵入への対策であり、敵前逃亡だ。軍が兵隊に説いたのは、敵前逃亡はするな、捕虜になるな、だった。それを軍人自ら破った。何が日本帝国の指導的軍隊か。彼らは本拠である首都が危険になったので、安全地帯に逃げ出した。噂では安全地帯は南満州の朝鮮半島に近い、攻めるのは困難だが、守るのは容易な山岳地域だという。この噂はある程度真実だった。役所の経済部に行くとこの話でもちきりだった。年かさの同僚が言った。

「関東軍の奴等は何だ！　ふだんは威張りくさっていて、自分たちが危なくなると、真っ先に安全地帯に逃げようというんだ！」

これは多くの民間日本人の意見でもあった。僕はちょっと違うことを言った。

「今さら憤慨しても遅いですね。帝国主義戦争をやっている軍隊は、表面は天皇陛下のためとか国家のためとか言うが、実際は自分たちが可愛いだけなんだから逃げるのは当然ですよ」

僕は帝国主義という言葉を使った。これは本来マルクス主義の用語だが、そうでない立場の人も使う。とにかく関東軍は同胞を助けずに敵前逃亡した。これを彼らが作戦上の予定の行動と自己弁護するとは言語道断だ。それほど彼らは強大な権力をほしいままにしていた。強大な権力をもつ者が、その権力をとことんまで乱用するのは、歴史上の変わらない法則だ。

敗戦直前の見合い結婚

敗戦の直前、一九四五年七月二十一日——この日も憶えている——僕は竹内晃子と結婚した。学院の敬愛する教官、板谷憲造（旧名・末造）先生の推薦によってだ。彼女は学院同窓の竹内仲吉郎の妹であるが、見合いによる結婚だ。板谷さんは僕より三歳ほど年上にすぎない。だが人格の高さ、包容力の大きさでは、群を抜いていた。帰国後、郷里の県の出納長になられた。晃子は早くから胸を患い、結婚当時は病気はかなり良くなっていた。この結婚は病弱者同士の結びつきだった。

当時、日本の敗戦は益々はっきりしてきた。同盟国ドイツは降伏した。ソ連軍の参戦と満州侵入は時間の問題だった。僕は来年まで生き延びるとは考えなかった。死ぬ前に、どんなに短くとも、楽しく甘い家庭生活がもちたかった。また僕は病弱だったが男性としての欲望をもっており、それを満たしたい気持ちがあった。郷里の両親に結婚する旨の電報を打った。早速、両親から当時の金で三千円という大金を結婚費用に送ったという電報があった。この現金はどういう事情からか僕の手許には届かなかった。式の前夜、僕は自室で一人で何時間も泣いた。僕がソ連軍の満州進攻の中で死んだ場合、残された病弱の妻は両親の庇護があるとはいえ、どうなるだろう。

中銀クラブという場所で結婚の披露宴が、義父、竹内徳亥（満州鉱業開発株式会社理事長）の意思で僕には過ぎた形で行なわれた。それは質素を旨としてきた僕にはふさわしくないことだった。俳句を作る義父は二人の名前、久と晃子を入れて「嬉語《きご》久し青葉若葉の日の光」を披露し、得意の謡曲を謡った。旧制二高時代の恩師で商法学の大家、松木太郎・新京法政大学教授の外に、数名の学院の友人たちが出席した。友人から「相沢すますな！」という野次が飛んだ。当然出席すべき何人かの友人は、ソ連侵入に備えて軍隊に召集されていた。

式後、二人はハルピンに一週間の新婚旅行をした。ハルピンは帝政ロシアが極東政策の拠点として巨費をかけて造ったヨーロッパ風の美しい都市。日本にはこんな壮麗な都市はない。ここのロシア人たちは日本の敗戦を信じて、満州国国民の制服を脱いで背広に着替えていた。二人はこの上もなく楽しく甘い一週間を過ごした。これは素晴らしいロシア料理を存分に食べたことで促進された。妻はこういう贅沢には慣れていたが、質素を標語とする家風の中で育った僕は、慣れていない。内心、僕はこれが僕の人生の最後の贅沢だと感じていた。

僕は結婚の疲れや仕事の忙しさで疲労が重なった。そのためしばしば役所を休んで同僚に迷惑をかけた。妻は旧制敷島高等女学校を終えたが、病気のため高女附属の専攻科を中退した。当時の若い女性の義務である軍需工場での労働も免除されていた。新婚の旅から帰った妻は、顔を腫らし、ときどき発作を起こした。毎日医者の往診による治療を受けた。

ソ連の対日参戦

ソ連は日本との中立条約を一方的に破棄した。ドイツの降伏、日本軍の敗退、日本の外交が後手後手に回ったことが、中立条約の破棄を招いたように見える。日本軍の各地、殊に南方での敗退は、前述した居丈高で強権を振り回す関東軍の慌てぶりと臆病ぶりを招いた。これは在満日本人の嘲笑と罵倒と憎悪の対象となった。日本政府や関東軍の政策、態度を憤りながら、これと有効に戦い、チェックすることができなかった、僕たち二百万の在満日本人の無力と無能も、当然責められるべきだ。在満の異民族、殊に中国人は冷静で醒めた目で事態を見ていた。当然、中国人の一部は日本の従来の強圧に対して反乱を起こし、日本の責任者を処断した。だが中国人はすべての日本人をいっしょくたに、無茶苦茶に処断したわけではなかった。中国人は分別に富み十分理性的であったと思う。この点でも中国人は日本人より優れていた。

ソ連軍迎撃への誘い

日本の敗北、つまりポツダム宣言受諾の数日前、妻の家で疲れて寝ていた僕宛てに学院の教官の有志からの手紙が来た。手紙の内容は、学院卒業生有志は侵入するソ連軍を、吉林省の磐石県で迎え討つ、武器は学院在庫の軽機関銃その他、日時は追って通知する。以上。

僕はこれを学院卒業生の大体の総意と考えて参加する決意をした。結婚もしたし、どうせソ連軍と戦うことは既定の運命だ。ただ妻には相談しなかった。その二、三日前の八月八日、ソ連機が長春市内に爆弾を落とした。次に広島と長崎に米軍機から新型の爆弾が落とされたという情報が、直接中国人側から伝わった。詳細は不明。

学生有志から重大な内容の手紙が来たことに感ずいた妻は、僕に手紙の内容を聞いた。妻は非常に驚き在宅していた義父にそのことを話した。義父は文字通り血相を変えて僕の部屋に入って来、謡曲で鍛えた大声で僕を叱った。

「久君、君はなんて馬鹿なんだ。君が独身者なら何も言わん。今は晃子と結婚したんだ。晃子のことを考えないのか。学院の馬鹿者どもが機関銃で戦うだって。相手は戦車と飛行機なんだ。君が行くのを俺は絶対に許さん。東京の中央政府は降伏を決めたんだ。その情報が入っている」

僕は義父の尤もな忠告に従った。日本の降伏のことは知らなかった。満州における上層部には届いていたが、一般には届いていなかった。前線の大勢の兵隊は、その時は無論、降伏後も降伏のことを知らされなかった。そしてソ連軍の飛行機からの爆弾と戦車の下敷きになって死んだ。学院有志の計画はどうなったのか。後で聞くと計画倒れに終わっただけでなく、大勢の人も集まらなかったという。一部の極論を言う人間が先走って、重大な問題を決めた一例だ。例の手紙は学院卒業生の有志といいながら、総意になることを匂わせていた。それにしても僕は軽率だった。僕らしくないミスだった。

妻との南下行

八月十五日、敗戦の日、義父の意見に従って僕と妻とお手伝いさんのきよさんの三人は、長春を逃れて汽車で南下した。各自リュックサックを背負い、何がしかの金を妻の両親からもらってである。行き先は南の奉天（審陽）だ。そこの満州鉱業開発支社がその時の目的地。妻の両親は長春に残るという。二人は満州を一生の生活と活動の場としてきた。今さらどこにゆけようか。長春の自宅が死に場所だという。

見上げた決意の実行だった。僕と妻は安全地帯への逃避、いや逃亡の道を選んだ。これを僕は妻の両親の勧めがあったとはいえ、まことに恥ずかしい行動だと反省している。汽車は審陽に着き、そのまま車内に乗客は一時間以上留まった。その時だ。日本がポツダム宣言を受諾して全面降伏した知らせを聞いた。その時、同じ車両には長春を逃れて南下する多くの日本人が乗っていた。

僕はその時思わず立ち上がって「万歳！」と叫んだ。それを聞いて車中の人々が血相を変えて僕を囲んだ。その中の一人、近所の中年の隣組の組長が言った。

「あんたは日本が負けて嬉しいんですか」

僕は興奮を抑えて言った。

「ああ、こんな嬉しいことはないですよ。日本は民主主義の国になるんですから。僕も日本を愛していますがね。僕の愛しているのは、今までのような日本でなく民主主義の日本なんです。もう日本は民主主義の国になるんです」

僕は眼鏡を外して服のポケットにしまった。殴られて眼鏡を壊されるのを心配したからだ。僕を取り囲んだ七、八名の中年、老年の日本人たちの態度は険しかったから、殴られると思った。僕は殴られるのは兵隊生活で慣れているので恐くない。僕は涙を流していた。それはうれし涙であった。彼らの目にも涙が出ていた。だが彼らの涙は悲しみの涙であった。同じ涙でも流す理由は違っていた。

同じ日本人でもこれほど考え方が違うのか。僕より年長の彼らは民主主義という言葉はもちろん、その言葉の意味も知らなかった。日本人はここまで神である天皇を中心とする軍国主義の思想に管理され、軍国主義的に教育されてきた。

組長は言った。

「こういう人がいるから日本は負けたんです」

だがその言葉には力がなかった。僕の言葉には迫力があった。気力が甦ってきた。日本は良くなる。僕には確信と希望が湧いてきた。僕を殴ったらいいじゃないか。気の済むまで。誰も殴らなかった。彼らは前途への希望を失ったように見える。それにしても僕を囲んだ大人たちが僕を敗戦の責任者にしたことは面白い。その意気地のない、主体性のない、屈従的な心が見えた。彼らを一概に責めるわけにはゆかない。日本の政治・法律・教育・マスコミが、天皇中心の軍国主義・非民主主義に支配されていて、彼らは羊の如くそれに飼い慣らされてきたのだから。

だが僕のごとき軍国主義の重圧と戦ってきた者にとっては、民主主義は最も貴重な宝である。僕が今も日本国憲法は米国の押しつけではなく、僕なりに戦い取ったものだと主張する根拠はここにある。なお僕の方が積極的で、殴るなら殴れという態度をしたためか、僕は袋叩きにはあわなかった。

ソ連兵の侵入と日本人難民

敗戦直後、三十万のソ連軍が満州に侵入した。それは大津波のようであった。僕は長春でのことしか知らない。戦争の犠牲者はこれまでいつも一般民衆だったが、その中でも最大の犠牲者は婦人である。ソ連兵の日本婦人に対する残虐行為について書くだけで一冊の本ができる。この行為は日本軍人も日中戦争では中国婦人に対して、ソ連軍人と同じように行なったはず。僕は日本の兵士だったが、運良く戦場に投入されることもなく、敵兵も敵国の民間人も一度も殺傷したことも強姦したこともない。もし戦場に投入されたならば、やはり敵兵を殺傷したかもしれない。僕はたいへん幸運であった。一国が他国に勝利し戦争が終わった時は、平和条約が結ばれていなくとも――二〇〇一年の秋になっても日露間の平和条約は結ばれていない――殺戮や略奪や強姦はやるべきではない。

長春にはもともと住んでいた二〇万の日本人のほかに、全満州の奥地からおびただしい数の日本人難民が長春に集まった。この都市は文字通り難民でふくれ上がった。

僕の目の底にまだ焼き付いているのは、長春駅からノロノロとはい出る日本人難民の姿だ。それは殊に日本人開拓団の人々であった。僕はそれを見て泣いた。それは一見、人間の大軍ではなく猿の大群であった。人間は食物がなくなり衣類がなくなると、身体を含む外見まで人間でなくなる。僕はそんな変容した人間の群を見たことがない。映画でもない。よく見れば人間集団である。身体が半分くらいに小さくなっている。眼に光はない。赤ん坊を抱いているのは母親である。歩くのが恐ろしくのろい。ここに着くまでどんな地獄の苦しみがあっただろうか。僕は側によって持参した大した額でない財布の金を全部その人たちにあげた。日本の北満開拓政策の犠牲者がここにいる。関東軍はこれをなぜ助けなかったか。僕は自分が恥ずかしくなって、その場から逃げるように去った。

彼らは駅近くの小学校に避難し、約一〇日後、半数が死んだという。その憐れむべき日本の国策の犠牲者にもソ連兵は襲いかかり、彼らの最後の財産である眼鏡や時計まで奪った。僕も唯一つ父が買ってくれた時計を奪われた。ソ連兵は時計も眼鏡も持たなかった。この難民こそ社会主義国ソ連の救済と解放の対象ではなかったか。ソ連兵の行為は社会主義の大義と理想を最も踏みにじるもの。かつて読んだロシア文学に出てくる民衆があんなに素敵だったのに。四十数年後の一九九一年にソ連邦が崩壊した原因の一つが、ここにあるような気がしてならない。

ソ連兵の暴虐

その僕の近辺で起こった実例だけをあげる。

その一。近所に住む僕の妻の友人が自宅に侵入したソ連下士官に強姦され、それがきっかけでソ連兵宿舎に連れ込まれ数名に輪姦されて負傷した。その二。近所の日本人の家にソ連兵が乱入し妻と娘を強姦しようとしたのを、家の主人が阻止しようとして撃たれ、瀕死の重傷を負う。その三。わが家から近い公園を真昼に赤ん坊を抱いて散歩中の日本人妻を、通りがかった一人のソ連兵が、彼女を強姦しようとして抵抗されたので、強姦を行なった後で彼女と泣きわめく幼児を射殺した。

その四、長春の北の県で起こったこと。日本の敗戦後、三〇名程度のソ連兵が、近くに駐屯し、近くの家屋にいた日本人女性の集団を見付けた。彼女たちは夏休みを利用して、農場の勤労奉仕に来た女学生の一団と引率者の中年の女性教師である。ソ連兵は初め一人の女性を要求したので、彼女たちの協議の末、教師が犠牲になってソ連兵の許に行った。ソ連兵は一人の女性に満足せず、他の多くの若い女性を要求してきたので、すべての女性がソ連兵の許へ行った。兵隊のところへ行かない人がいれば、帰国後、その人が告げ口をすると考えたからだという。彼女たちはその後、長春に来て僕たちの家の近くの家屋に入ったことから、事情が判明した。それを聞いて僕たちは涙を流した。こうしたソ連兵の被害は日本人女性だけでなく中国人や朝鮮半島出身女性にも及んだだろう。戦争と性の問題は一般的なものであってソ連兵だけに限らない。日本兵の暴虐については多くの例が報告されている。

ソ連軍少尉の侵入

時はさかのぼる。一九四五年九月のこと。ソ連のハルコフ出身だという若い少尉がわが家に侵入。僕とドイツ語で話が通じたことが悪い結果を招く。彼は最初は紳士的だったが、彼の要求に応じてワインを出してから女性を狙い出す。義父（五十九歳）は日本人救済の仕事で外出中。少尉の意図を知った僕は、義母（四十六歳）、お手伝いさん（二十三歳）と妻（二十歳）を急いで秘密の地下室に隠した。それから少尉は強盗に早変わりし、僕に時計を要求した。前述した郷里の父が買ってくれた僕の高級時計は、街頭で別のソ連兵に強奪されたので、僕は時計を持っていない。少尉は義母の部屋を探し、義母の女性用デザインの時計を見付けた。僕が時計がないと嘘をついてけしからん、と言って僕の左脇腹を革の将校靴で蹴った。僕のドイツ語による説明を、少なくとも僕よりドイツ語の弱い彼は理解できず、僕が嘘をついたと怒った。僕はこの時も嘘をつかない。彼は酔っている。最初侵入した時の友好的態度はまったく捨てた。仙台の予備士官学校のS見習士官そっくりになった。

僕は身体で抵抗する構えを見せた。黙っておられるか。戦争は終わった。ここは市民の家だ。彼はそれに対抗してついにピストルを取り出して、僕の心臓部に突きつけた。ここで僕は殺気を感じた。映画でピストルを向けるシーンがある。この時は映画と違う。本物の殺気だ。本当に恐かった。戦争中ならこうした行為が普通だ。だがこの野郎、降伏した人間に何をする。僕は直ちに防衛の行動を起こした。すぐピストルを持った彼の右手をねじあげた。

柔道の大外刈だ。彼の大きな身体に僕の小さな身体が食い込んだ。彼の右手はもう利かない。彼はピストルの利用を諦めた。僕は身体は弱いし柔道は中学時代の柔道だが、柔道教師に入部を勧められたほどだ。だが僕は大きな悲鳴をあげた。

その悲鳴がどんなものだったかは憶えていない。その悲鳴は地下室で身をひそめている女性たちにはっきり聞こえたという。彼女らは地下室に通じる秘密の蓋を開けて、部屋にドヤドヤと入ってきた。将校は酔っていてフラフラしながら、それっとばかり女性を追う。僕を放り出してだ。僕は彼女たちを元の地下室に逃がすのに成功した。秘密の蓋の上にバケツを置いた。彼はそれに気付かない。僕はトイレの方を見た。それを見た彼はトイレを探したが誰もいない。

ドイツ語会話ももう通じない。両者は明確に対立した。彼はふらつく足どりで僕の右手をつかんで二階の階段を上がった。彼は新しい戦術を考えて、女性たちが出てくるまで二階で待つ作戦だ。二階で僕を傍らに置いたまま、義母の引き出しを開け始めた。ますます強盗の本領を発揮し始めた。右手に大型のピストルを持ち、僕にそれを突きつけたままだ。左手で引き出しや箱の中の女性用の品々を見付けてはポケットにねじ込む。僕の品物は何もない。僕は本来何も持っていないから。

僕の重大な決意

そのうち僕はある決意を固めた。自衛のために彼を殺そうという決意だ。正直にいって殺人を考えたのは、長い一生のうちでこの時が初めてで終わりだった。戦争が日本の敗戦で終わったのに、僕は悪魔になってソ連兵を殺そうとした。何という不敵な決意をしたものだ。今思うと本当に恥ずかしい。その時は正当防衛の手段だと考えた。だが両者の関係は対等ではない。彼は戦勝国の将校で僕は敗戦国の民間人。それに彼はピストルという武器を持っている。僕は何の武器も持たない。彼を殺すには彼の武器を取り上げる必要がある。彼に飛びかかってそれを奪う外はない。成功するかしないかは不明だ。もし成功して彼を殺したらどうするのか。僕はそのピストルで死ぬ。ソ連軍占領下でソ連兵を殺して無事に済む訳がない。ここまでが僕の決意の内容だ。だが僕は十分に理性的に判断した。周到で緻密な思慮をめぐらしたつもりだった。その瞬間は僕は自分の判断を正しいと見たからこそ、この決心を実行するために彼を睨み始めた。いつ飛びかかれるか。戦争は済んだが「これで俺は死ぬ」と思った。若き妻よ、許せ。老いたる故郷の両親よ、許してください。そのとき何と僕も死を軽く見たことか。

そのまま時が過ぎた。それが五分だったか、一〇分だったかは分からぬ。時計はない。彼は僕の行動への準備に気付いた。ピストルの筒先は動かないが、彼のまなざしは真剣になり始めたが、酔いが全身に回りフラフラしている。

　両者の対決は続く。時の経つうちに僕は冷静さを取り戻し始めた。その瞬間！　僕はあることを思い出した。それは侵入初めのソ連軍司令官が日本人相手に出した布告だ。それは日本人がソ連軍人一人を殺せば三〇人を殺すという布告だ。将校の場合は五〇人だった。僕という人間は根本的に理性的ではない。最後のギリギリの瞬間に大切なことをやっと思い出すのだから。僕は今、根本的に自分を愚か者と考えている。僕の決意と計画が無意味で有害であることを、この瞬間に思い出した。大事な同胞を何十人も殺すなど最大の殺人だ。ソ連軍将校一人を殺すのも、自衛のためとはいえ殺人だ。僕は彼の前に仰向けにひっくり返った。攻撃の姿勢をやめたというより彼に降伏した。彼は威嚇と攻撃の姿勢を緩めた。ピストルを下げた。

　その時だ。階下からドヤドヤ人が上がってきた。地下室にいた三人の女性が走り上がってきた。将校は急いで階下の方に歩き出したが、まだ足がふらついている。よほど酒に弱いらしい。僕は三人に大声で言った。

「逃げてください。僕は大丈夫ですから。早く地下室に隠れてください」

　若い二人は逃げおおせ地下室に戻った。義母は捕まりそうになった。彼女は「私も半分女です」と叫びつつ逃げようとした。僕は義母の逃走を助けるために彼の前に立ちはだかった。彼女はやっと逃げおおせた。

　ホッとしたと思ったその時、階下の玄関に複数の兵隊が入ってくる音がした。この時、将校は部屋のカーテンに隠れた。その後どうなったか。家の外に出ていったのだろう。恥ずかしく、そして恐くなったのだろう。自分より上級の将校が入ってきたから。自分の悪事がばれるから。僕は急いで階下に下りた。中年の上品で知的に見える中級将校が二人の兵士を伴って入ってきた。部下が「ドクター・プロフェッサー」と言う。軍医で大学の先生という意味だ。軍医は優しい態度を僕に示した。僕は握手までした。彼のドイツ語は僕よりはるかに上手。僕は言った。

「僕はあなたの言うことを聞きます。一時間以上前から少尉は強奪し女を追いかけまわした。僕も酷い目に遭いました。彼を追い出してください。彼は悪い奴です。僕は病気です。脚気と肋膜です」

すぐ軍医は僕の脈を診て言った。

「あなたの体は悪いようだ。注射をしてあげたい」

実際は注射はしなかったが、温かい彼の言葉と態度にまったくホッとした。あの悪鬼の少尉とこの軍医との天地の違い！　軍医はいくつかの下着や靴下などを探し、妻のピアノの下の絨毯《じゅうたん》を部下に外させ持っていった。少尉はいつの間にか姿を消していた。彼の略奪品は大したものだった。

それから三人の女性は地下室から上がってきた。妻は言った。

「地下室にいて非常に不安になったわ。二階でそれまでドタンバタンと音がしていたのに、急に音がしなくなったの。変な沈黙（妻はこれをしじまと表現した）があったの。何かあったんだ、久さんが怪我をしたか殺されるかしたと思ったわ。それで三人で急いで地下室から上がってきたの」

妻の言う沈黙とは、僕と銃を突きつけている少尉との睨み合いが続いている時だった。右の事件は二時間ほどの間の出来事だった。だが僕にとっては大きな出来事だった。女性が強姦されるときもこういう風であろう。ドイツ語を介しての不十分な対話が問題を深刻なものにした。当時の僕は旧制高校で習っただけの、しかもドイツ語を話す国に行ったこともない、不十分な会話力しかもたなかった。ウクライナ出身の少尉のドイツ語は僕よりも悪かった。彼はいくらか友好的だったのに、ワインが入って一変し凶暴になった。二時間の緊迫した時間の経過は、僕の繊細な神経と心理を傷つけた。結婚後ぶり返していた僕の身体の不調が、それに拍車をかけた。少尉の重なる暴虐が正義派の僕をとことんまで怒らせた。その後一カ月以上、僕は不眠に苦しんだ。睡眠薬は飲まなかった。もっていなかったからだ。義父は一言「忘れろ」と言った。忘れられるわけがない。憐れみの足りない、神経の図太い人と思った。妻はこの義父が大好きだった。僕も根本的には好きだったが、この時の態度は気に入らなかった。

第五章　中国人と僕

僕の知る中国人

僕は中国人が好きである。中国に行って中国人と会って好きになった。中国人は心が大きいから。

僕が満州国の電気機械課在職中、課員の中国人が僕の許に来て言った。

「妻がひどい風邪を引き風邪が子どもたちにうつりました。薬が手に入れば頂けないでしょうか」

僕は知り合いの日本人の薬屋さんに電話をして風邪薬、たぶんアスピリンを持ってきてもらった。中国人から頼まれたとは言わなかった。当時はそう言えなかった。その後、別の中国人の課員が僕に言った。

「妻が用事で実家に帰りました。子どもたちを世話するので、早く帰らせてください」

僕はオーケーをし彼を早く帰らせた。中国人の給料は日本人と比べてかなり低く、それで六人の子どもを養ってゆけるわけがない。これにまったく無関心でいるのは、民族協和に合うだろうか。

頼まれれば頼みを引き受けるのは当然だ。夕方課長が外出から帰ってきて、僕に彼がいないのはなぜかと聞いた。その事情を話すと課長は僕を叱った。

「満系（中国系）を甘やかすな！」

課長の次席の事務官が少し前に軍隊に召集され、僕が事務官の代理をしろと課長に言われていた。大同学院を出て半年しか経っていないが、僕は課内で上位になっていた。当時の職制からそうなっていた。彼はアルバイトをしに早く帰ったのかもしれない。それはしかし一度で終わった。

李嘉桂さんのこと

日本の大学を出た技術者で大同学院のちょっと先輩である高等官試補がいた。名は李嘉桂さん。温厚で理知的で優れた能力をもっていたが、その能力を発揮する機会が、この課では与えられていなかった。彼は暇を持て余しているように見えた。そこで僕は彼に能力に応じた活躍の場を与えるように課長に進言した。だが課長は事は秘密に関するという理由で、僕の申し入れを聞かなかった。僕はそれにすぐ反論したので、課長と僕の間で議論が沸騰した。それを見た李さんは取りなすように「相沢さん、いいですよ、いいですよ」と言った。僕は不満だった。課長の考えは民族協和に反する。日系官吏の独善的態度、心の狭さ、国際性のなさを感じた。

李さんの温かい配慮

時期の記憶は確かではない。北京に毛沢東主席を最高指導者とする中国人民政府が成立して、二年ぐらい経った頃。僕の身辺も変わり、僕は福島で教職に就いていた。旧制高校と大学の先輩で満州国の建築局長だった岡大路さんから手紙を受け取った。

岡さんは北京に新政府が成立した時、政府の技術最高顧問として招かれた。そして前記の李嘉桂氏と会った。李さんから託された荷物について、僕に直接会いたいという手紙である。岡さんは新中国での仕事を終えて、郷里の仙台に帰っておられた。彼は僕に李さんの次の言葉を話された。

「あなた（相沢）が帰国する前に私（李）は彼（相沢）に何か大事なもの、例えば書いたものや記録したものを私に預けてください。中国の内戦が片付いて日本と中国の国交が回復した時、それを日本のあなたの家に送り返します。日本人が書いたものは皆帰国の時に没収されますから。相沢さんが帰国した後、烈しい内戦が続き、長春は中共軍に包囲されました。市民は鼠や虫を食べるほど食料が不足し、餓死者もたくさん出ました。幸いに私は家族五人と包囲網から脱出して北京に入ることができました。私は技術者として北京政府から用いられています。脱出の時、私の手荷物の中に相沢さんから預かった風呂敷包みを入れていて、それを家族の荷物と一緒に北京に運びました。それを帰国する岡さんに預けますから、帰国した際に相沢さんに渡してください」

岡さんは帰国に際して、例の風呂敷包みを持って北京を離れたが、上海の港で乗船する時、没収され、一枚の僕の取った家族の写真しか持ってこられなかった、という。

僕は李さんの並々ならぬ好意と厚情に対して言葉を知らない。ここでも僕は感涙にむせんだ。偉大な中国人の温かい心情の手本をそこに見た。だが当時の中日関係は、中米関係の悪化をまさにそのまま反映して悪化していた。僕はそのことを常に気にしながら時を過ごしてしまった。僕は中国と連絡するのに適する職務にも就いていなかった。しかし僕は何と忘恩的な人間であったろうか。李さん、僕を許してください！　有能な李さんも文化大革命の嵐の中では、大同学院卒業生として、どんなにか苦しまれたであろう。僕は偽満州国——日本の侵略の産物であった——の役人としての責任を感じて、敗戦後は満州に一度も行っていない。これもおかしい態度かもしれない。大同学院卒業生は何人も満州に行っている。

ソ連兵に追われ中国人に助けられる

敗戦直後、ソ連軍が長春に入ってきた時、いわゆる「日本人狩り」が始まった。これはソ連兵が二人一組になって、片っ端から街路にいる成人の日本人男性を捕まえてソ連に送ることをいった。それらの日本人はソ連各地で強制労働に従事する。ソ連軍が入手した関東軍兵士の名簿から見て、実際の関東軍兵士の捕虜の数が少なかった。その数を合わせるために「日本人狩り」が始まったといわれる。僕はにわか露天商として街頭に出る度に、これに注意していた。ある日の午後、街頭にいた時、右の方から中年の日本人男性が必死の形相《ぎょうそう》で走ってきた。その約一〇〇メートル後ろを、ソ連の兵士二人（一人は将校、一人は兵卒）が自動小銃を威嚇のため空に向かって撃ちながら追いかけている。僕は「日本人狩り」だと気づき、すぐ逃げ仕度をした。すぐ隣の露天商仲間の中国人が言う。

「ダービーズ（ロシア人）だ。逃げろ。店は俺が守ってやる」

この中国人はたまたま知り合った人。必死になって道の左の方向へ逃げた。体力の点から走るのは駄目。一〇〇メートルは走ったが、もう走れない。道の左側に大きな中国人の乾物屋の店がある。無断で僕はそこに飛び込んだ。店の主人がすぐ僕に入れと、手で室内の押入れを示した。僕はそれに入って戸を閉めた。主人はすべてを承知してくれたに違いない。どれぐらい押入れの中にいたか分からない。一五分から二〇分のような気もする。主人は押入れの戸を叩いて言った。

「もう大丈夫だ、出てこい」

僕は安心して出てきた。ああ助かった。厚く厚く僕は主人や従業員にお礼を言って店に戻った。店といっても六つ、七つの古道具が筵の上に並べてあるだけ。彼らに密告でもされておれば、ひとたまりもない。何という心の温かい人々ではないか。彼らは僕とは一面識もない。しかも戦勝国の中国人である。日本人が差別していじめた中国人である。日中戦争、その前の満州国建設がそれだ。

中国人に対する日本人の残虐行為

戦後帰国してから——まったく遅ればせながら——知った、残虐非道をきわめた日本の細菌戦部隊の七三一部隊の存在と行動は、何とひどいものだったか。また最近初めて知った無数の化学爆弾の中国本土での不法投棄。中国に三年間いながらそれを知らなかった僕の無知！　無知は悪だ！　他の日本人も知らなかった。満州にいた人も他の中国の場所にいた人も、日本本土にいた人も。知っていたのはおそらくごく一部の日本人だけだったであろう。経済大国日本の道義小国日本への転落の足音が聞こえ始めてから、次第に時が経つ。この上は国民が何度も心から謝罪し、適切な対策を講じ、十分な補償をする他はない。その結果、日本が経済小国になっても全人類に許しを乞うべきだ。物のない日本は軍事大国になりやすい経済大国になるよりも、外国から好かれる永世中立の経済小国の方がよい。とにかく僕のこれまでの行動はみな後手であった。

僕が追われた時、助けてくれた未知の中国人も、いや、その他多くの僕が接した中国人たちを、僕は例外的中国人と見ているわけではない。中国に残された、中国人がわが子同然に育てた日本人孤児たちの問題は、日本のマスコミも大きくそして長い間取り上げた。一般の日本人に中国人のこうした行為と同じ行為ができるだろうか。できないだろう。これは日本人自身が認めている。

中国人元同僚の友情

敗戦後、長春で生活のために僕は露天商を始め、これを約一年間続けた。十月のある日の午後、一人の中国人が僕の店から少し離れた所に立っているのに気がつく。彼は学院の同期であるが、学院時代それほど親しかったわけではない。経済部に勤務した技師で日本の大学を出ている。彼は親しげな表情で近づいて来た。午後三時頃、売り上げも食事代位はあったから、彼の誘いで古巣の経済部に行った。その広壮で華麗な建物は、それほど遠くない所にある。経済部に着くと十数人の人々が集まってきた。すべて中国人で顔見知りばかりだ。当時は国民政府の統治下にあった。僕は緊張していた。僕は敗戦国民の卑屈さはもっていなかったつもりだ。彼らはすべてニコニコしていて、先勝国民の横柄さ傲慢さは少しもない。僕はしかし中国語が殆ど話せない。僕は中国に来たのに中国語を学ばなかった。これも間違っていた。傲慢であった。彼らの一人――その名は忘れた――は日本語で言った。

「相沢さん、皆であなたを助けたいです。あなたにいろいろ助けてもらったのだから」

それに僕は日本語で答えた。

「本当にありがとうございます。しかしご援助は要りません。来年には帰国できます。今の仕事は続けますから帰国までやってゆけます。それに皆さんも内戦の最中で経済的にお困りだと思います」

すると彼は言った。

「お金が要らないなら石炭を一トンあげます。あなたは来年帰国するとしても、この冬を過ごすのは大変です。石炭が必要です」

僕はすぐ答えた。

「ありがとうございます。しかしそれも要りません。この冬に備えて妻と一緒に炭団《たどん》（石炭の粉を丸めて固めた燃料）を毎日少しずつ作っていますから、大丈夫です」

彼らは僕が露天商をやっているから、よほど困っていると考えて助けようとした。僕は内戦が始まって彼ら自身も困っていたので、お断りした。しかし僕は深く深く感謝した。そこに大きな月餅とお茶が運ばれてきた。敗戦後、こんな高級でおいしい菓子は食べたことがない。僕は生来野人だし、空腹でもあったから、慎ましさを忘れてムシャムシャ食べた。僕は彼らの友情に感動しっぱなしだった。この時も涙が出た。彼らに会えば無視されるか、冷たくされるか、軽蔑されるか、そのどちらかと考えていたからだ。

彼らの広く大きい心の元は何か。僕にもよく分からないが、長く古い歴史をもつ民族。偉大な世界に通用する思想と哲学をもち、それを時代と歴史の中で作ってきた民族、非常に多くの大苦難——これは洪水や飢饉など自然の大災害や戦乱や諸外国（日本を含む）の侵略等による——と戦い、それを乗り越えてきた中国民族の真の姿なのではないか。それと比べて僕たち日本人は、島国ということもあって、特に二六〇年の徳川時代の鎖国ということもあって、中国人と比べて何と見方が狭く浅く気宇が小さく他人や他国民を理解しない、理解しようともしない国民ではないだろうか。この見方は中国の東北部に三年間暮らし、その三分の二を日本の植民地化の下にあったときのものに過ぎないであろう。その後の変化に富み、あらゆる意味で世界を指導する大国になった中国をまだ知らない僕である。前に言った如く、僕は日本軍が侵略の結果作り上げて、一三年で滅亡した中国東北部の満州国で二年間役人をしたことが気になって、この満州には未だ行っていない。後記の楊仲和君は僕を招いてくれたが、一度も行かないで一生を終わるだろう。むろん僕は敗戦後、中国人にいじめられ、また殺された日本人のいたことも知っている。

神社への参拝の強制と中国人

わが友、楊仲和君は学院の同期で親しくしてもらった一人。裁判官を志望したこともあるが医師に転じて成功した。経済部在職中、散歩しながら彼と日本語で次のような会話をした。彼は早大出身で日本語が達者であった。僕の東北訛りのズーズー弁よりうまかった。

「楊君、日本の満州支配について本格的に話してくれ。満州国が関東軍が作った傀儡政府《かいらいせいふ》であることはすでに学院で君たちから教えてもらった。諸民族間にはっきりした差別があるし、日本人の力が強すぎることも痛感しているが」

「正直に言うよ。日本は大戦争をやっていて、日本人以外の労働者を軍需産業で働かせているが、低賃金すぎる。根こそぎ動員はまずい。彼らは畠を耕すこともできない。日本は対ソ戦争に備えて、北満の広大な土地に住む中国人から、これまた広大な土地を取り上げた。それを日本から呼んだ沢山の日本人農民に与えた。これがどんなに民族協和を妨げたか、君にはよく分かるだろう」

彼はここで巧みな日本語の調子を強めた。

「日本人の行動で目立って悪いが、日本人自身あまり気がつかないのは、他民族に対する宗教政策だ。これは日本人の思想的成熟の後れを示すものだ。日本人は各地に沢山の神社を作った。それはまだよい。許せないのは、中国人を始め各民族に強制的に神社に礼拝させたことだ。

これは君たち日本人の驚くべき時代錯誤（彼は英語でアナクロニズムと言った）だよ。君が知っている通り、神社神道は日本以外の人たちには通用しないよ。中国はすでに古代に、孔子・孟子・老子・荘子が生まれているんだ。即ち世界に通用する大思想家、大哲学者が活躍していた。それにインドで起こった大宗教家仏陀の考えは、中国で独得な成長をしている。その他、独自の自然科学も起こったし、高度な技術も発達した。日本とは比較にならない文化があったし、また現にある。

これを知らないで日本人は、例えば長春に新京神社を作って、事もあろうに頭の進んだ中国人その他の人々に、それを無理矢理、礼拝させた。中国人その他の人々は、前を通るのを嫌がって遠回りしているんだ。それが分からない日本人は頭が悪いんだよ。この点で日本の対中国政策は、最も大きな失敗をしている」

生き生きした説得力のある彼の雄弁が、僕の渇いた心に深く食い入った。僕は旧制高校時代、板原瑛夫先生などの講義を通じて孔子や孟子の説いた儒教や道教にも興味を抱いた。授業に出ないで読書三昧に耽り、友人と議論を戦わすのに夢中だった僕も、この先生の講義にはよく出た。「この組で私の講義を熱心に聞いてくれるのは、相沢君、君だけだ」と先生に言われた。その僕が大学に入ると、儒教など中国哲学を離れ、中国の歴史の勉強もあまりしなかった。満州国で働いた時も、中国語の勉強にも熱心でなかった。これを僕は恥じた。僕は楊仲和君の言葉に説得させられた。そして彼の雄弁を通して日本の東亜政策が音を立てて崩れ去りつつある事実を知らされた。独善的で視野の狭い、そして品のない思想で、特にその神社中心の八紘一宇《はっこういちう》という軍事的見地に見合った宗教政策のことを知らされた。

　楊君は四年前日本に来たので歓迎会をした。彼と会うのは半世紀ぶり。彼にこの日本の宗教政策の話をすると、彼はそれを忘れていたが、今思い出したと言った。大同学院学生には彼のように優れた人材が多くいた。彼は僕を中国東北部にくるように強く誘ったが、僕は断った。

長春での露天商の仕事

　敗戦後、僕が露天商をして暮らしたことについては前に一寸ふれた。義兄の竹内仲吉郎（帰国後、病没）と始めたもの。義兄は、戦後ソ連に送られる途中、戦友の勧めで、匂配にさしかかり徐行し始めた汽車から飛び降りて自宅に逃げ戻った。その戦友は九洲の炭坑で働いていた勇敢で逞しい青年。敗戦後、悪名高い七三一部隊の存在を初めて聞いたのはこの青年からである。彼は長春を占領した八路軍（中共軍）に入隊した。その後の彼の消息は全く不明である。中共軍に入ることについては相談を受けた。僕は入隊に賛成した。そして僕は入隊の際の面会日までに読むカール・フォレンダー（Karl Vollender）のマルクス主義解説の日本語訳を貸した。頭の良い彼は、それを彼なりに理解して試験官を感心させたという。

　義兄の発意で、僕と彼は吉野町という繁華街の路上で、古物の雑多な品々を売り始めた。日本人の帰国の期日は未定。妻の実家は物持ちだったが、度々大規模な没収にあった。敗戦後、僕たち夫婦の家計は妻の家からある程度独立した。敗戦後は僕が自活への道をとることは当然となった。商品は茶碗・杯から古靴・古洋服まであらゆる品に及んだ。日本人は不動産の処分は許されず、帰国の時持参できるのはリュックサック一つに入れた動産（宝石類を除く）と現金一〇〇〇円と決定された。持参できない品物を所有者からの依頼に応じて、二割の手数料で売ったのが、僕たちの商売。義兄はそのうちに大連近くの親戚の家に移り、僕一人で商売をし、帰国の約一カ月前、即ち一九四六年八月に及んだ。

妻をもちながら収入のない僕は、この仕事に生き甲斐を感じた。初めは中古のヘルメットを被り、寒くなってからベレー帽を被った。ベレーはそれ以来今も被っている。客のない時はドイツ書と英書を辞典持参で読んだ。僕は履歴書に一年間長春市で露天商をしたと書くのが常である。これは生活をかけての大切な仕事だった。

二人の日本人の中年女性の露骨な蔑みの目が少し気になった。二人は満州生まれの財産持ちだ。僕がそこまでおちぶれたことへの蔑みの目つきのように見えた。主な理由は敗戦後露天商を始めた人は珍しいからだ。日本人は人のやらないことをやると、目くじらを立てる。他の人と同じように行動しないといけない。二人の女性の目はそこから来た。その証拠に彼女たちもそれから約二カ月後、道路で商売を始めた。その頃は日本人露天商は珍しくなくなっていた。

学校（塾）を始める

僕は一九四六年一月中旬に塾(学校)を畑中幸之輔先生の協力で始めた。旧制中学程度のもの。錦町に住んでいたので「錦塾」と名付けた。僕たち夫婦の結婚媒酌人の青木経済省次長の夫人が、戦後僕に言われた。

「敗戦で学校がなくなり、子どもたちは勉強ができなくなりました。日本内地の子どもたちに後れます。相沢さんはその仕事に向くから塾を作ってください」

僕も塾を作るのは、一種の日本人難民救済だと考えた。また露天商の収入だけでは僕と妻の生活費が足りなかった。隣りに京大出身でもと新京二中校長の畑山幸之助先生が住んでおられた。先生に相談すると大賛成。先生は数学、僕は英語を担当。物理と化学は旅順工大出身の元ハルピン工大学の助教授。国語は畑中先生の長男で旧制旅順高校生が担当する。事務と渉外的なことは僕と妻の仕事だ。集まった生徒数は男女はほぼ同数で合計三十数名。午前中は塾の授業、午後は露天商、英語の準備は早朝と夕方と夜。ラジオ、テレビはなし、新聞もない。僕は精神的には安定している。家内も僕も健康状態は丈夫ではないがまずまず。生徒たちは熱心に勉強した。あんな熱心な生徒は見たことがない。なお畑中先生は立派な人格者だった。

日本人会からの呼び出し

一月末、日本人会から呼び出しがあり塾長と僕が行った。日本人会のS氏は詰問的態度で言った。

「誰の許可で学校を作ったのですか。一〇人以上の日本人が集まるのはソ連軍命令違反です」

僕はSの言い分を占領軍権力を笠に着た言い方だと思った。

「日本人会は奥地からの日本人難民のお世話を立派にやっておられる。だが学校がなくなって生徒たちも一種の難民になりました。父兄たちは学力が後れるし不良化することを心配しています。ソ連軍の命令も知っていますが、英語と数学中心の小さな学校を作ることは命令違反ではないはずです(ここから若造で正義派の僕の言葉が過激になる)。あなた方は前は関東軍にペコペコし、今はソ連軍にペコペコしています。学校を作ったことの責任は、塾を始めた僕が負います。あなた方は責任を負う必要はないです」

塾長先生は僕の袖を引っ張った。Sは怒りを抑えて言った。

「相沢さんのように熱心な教育者が出てくるのを私たちは待っていたんです。あなたは吉田松陰のような人です」

僕は、幕末の教育者、吉田松陰のような人とおだてられた。僕はそのおだてには乗らない。僕は自分をそんなに偉い人とは考えていない。僕が我慢できないのは、日本人会がどんな権力にも屈服する態度だ。Sはやはり怒って僕を反ソ的な、生意気な若造というデマを飛ばした。僕はあとでそれを知った。そのデマのために四十数名の塾の生徒が三人に減った。

それから約一週間後、ソ連兵の姿が急に少なくなり、やがて一人も見えなくなった。午後は露天商をやっていたので、ソ連軍の状況はよく分かる。逃げ後れたのか、康徳会館というビルの地下室にいたソ連人が、中国人の投げた爆弾で何十人も殺されたという話を人づてに聞いた。急に飛び立って大空に消えてゆく渡り鳥のようにソ連軍は消えた。半年足らずの間のすさまじい略奪、暴行、強姦は消えた。満州にある膨大な重要な品々、殊に生産財の数々を車で本国に送る、異常な光景も消えた。

これとほぼ同時に、いなくなった塾の生徒が殆ど戻ってきた。生徒に理由を聞いた。相沢先生は反ソ的だからそのうち、捕まって殺される。他の先生も生徒も生徒の父兄も捕まるが殺されはしない。だが早く塾通いをやめなくてはというデマだ。僕は日本人会幹部のSに生意気な啖呵を切った。それだけではない。ソ連軍を先生はどう思うか、というロシア語の分かる生徒の質問に対して答えた。

「人類の平等を唱え虐げられた人を救う立派な思想が、共産主義のはずだ。そうなのにソ連軍の行状は、それを裏切っているから共産主義の軍隊とはとても言えない」

僕の批判は思想としての共産主義の批判ではなく、ソ連占領軍の行状に対するものだった。なぜソ連軍は短期間のうちに満州を去ったのか僕には分からない。ソ連軍が撤退すれば、僕が捕まって殺されることもない。生徒やその父兄が捕まることもない。初め三十数人だった塾の生徒は一〇〇人近くに増え、塾は帰国前の八月初めまで開かれた。畑中塾長は教育のベテランであり、立派な就業証書を与え閉塾式まで行なわれた。劣悪な環境下の教育だったが、僕は初めて生徒に教え、無茶で無謀な言動をしたことは反省する。だが教えることに心から喜びを覚え、教師は良い仕事、少なくとも僕に向く仕事だと考えた。戦後、長春には若干の塾があったという。

中国の内戦と日本人の帰国

ソ連撤退後、国民政府軍（以下国府軍）と中国共産党軍（以下共産軍）との激しい内戦が長春周辺をも巻き込んだ。戦争が激しくなる度に塾は休みとなり僕は露天商を止めた。僕は妻と部屋に閉じこもり読書と翻訳に没頭した。ドイツのナチス支配以前の教育学者ケルシェンシュタイナー（Kerschensteiner）の「個性の概念と個人教育」の邦訳を終えた。これが最後に没収されたことは既述した。両軍間の戦闘は、僕たちの見る限り、九月の帰国までは一進一退を繰り返したように思える。

五月の晴れた朝、真夜中に付近で大きな突撃の喊声《かんせい》がした。戦闘は共産軍の勝利で済んだと思い、妻を誘って二階の屋根に上がった瞬間、どこからか自動小銃の弾が五発、僕たちを狙って飛んできた。僕たちはあわてて身体を伏せた。弾着の場所は僕の場所から二、三メートル。またその日の午後、僕は一人で庭で薪を割っていた。急に銃の先に剣をつけた共産軍兵士が二人、僕に向かって走ってきた。僕は家の中に逃げたが、兵士は道路と庭の間の木製の柵を越えて僕に迫った。その距離は七、八メートル。危ない！　僕はとっさにベレー帽を取った。それを見た兵士はすぐ再び柵を越えて走り去った。帽子の下には毛髪があり、毛髪のある男は敵の兵士ではないと見たからであろう。ベレー帽を取らなければ、その銃剣で心臓を貫かれていたであろう。兵士の敵は国府軍の兵士であって、並の日本人ではなかった。

最後に長春が共産軍に占領された時、義父は戦犯の容疑で身柄を拘束され、全財産を没収されるという大事件が起こった。僕は元々、めぼしいものは何ももっていない。なぜ義父が戦犯の容疑者になったのか、不明である。噂によると国府の勢力を背景にした一部日本人の反中共クーデターがあり、義父は他の日本人に誘われてそれに参加したが、事前に発覚したという。愚かなことをしたものと僕は当時も今も考えている。僕が義父の運命について聞いたのは、帰国後、一年数カ月立ってからだ。彼は一九四六年八月十五日、日本の敗戦から丁度一年目に戦犯として四人の偽満州国の将軍、四人の日本人戦犯と共に人民裁判の結果死去した。彼の役割は小さく主役ではなかったという。事前に僕に相談すれば僕は猛反対した筈。だが僕の忠告などは聞かなかったであろう。二人の思想は違っていたから。敗戦後、僕は義父としばしば議論を重ねてきた。共産軍に逮捕される数日前に、彼とマルクス主義について熱心に論じたことは忘れない。彼は言った。

「久君はマルクス主義をよく勉強しているんだなあ」

殊にマルクス主義を実践に移す問題というよりも、マルクス主義における理論と実践との弁証法的統一の問題について、僕は真剣に考え、満州の舞台を敗戦前も敗戦後もそれの格好の場所と考えた。日本では与えられない機会だった。義父は基本的にマルクス主義には賛成していないように見えたし、その本質を理解しないようにも見えた。彼の長い経歴と立場がそれを阻み、一方では関心をもちつつ他方ではこれを否認し右翼に近い発想をしている感じがした。この点で満州の上層部や高官の思想と行動には大きな共通した限界があった。彼は僕に自分の計画を打ち明けなかったことは、やはり僕の考え方に違和感をもっていたからだ。僕自身満州ではあくまで思想的少数者だと考えた。基本的に思想の自由を認める立場に立ちつつ、その限りでマルクス主義の善意の理解者であった。

マルクス主義の文献として僕は、マルクスやレーニンの書いたもの――その一部にすぎないが――のほかにオーストリア社会主義者マックス・アドラー（Max Adler）や前に一寸ふれたカール・フォレンダー（Karl Vollender）の邦訳をできる限り読んだ。

義父は日本の正当な領土としての南樺太や関東洲の役人から始まって、生涯の大半を満州で過ごした。満州国成立後、民政部次長、奉天省次長から最後は満州鉱業開発株式会社理事長であった。青森県出身で旧制二高から東大英法科を卒業。大学では僕のゼミの恩師、南原繁先生と同期。義父は法学部旧二高幹事として旧一高幹事の先生とよく会っていたこと、先生が図書館で勉強に飽きるとよく机の上に足を上げて勉強したと話し、僕が非常に尊敬していることに驚いていた。戦後、先生にお会いした時は「竹内君は親しく話をしたほうの同窓」だと言われた。彼は満州国で長い間働いたが、清廉で潔白に近い人だったと考えているし、またそういう評価を受けていた。妻は父の男らしさ、小事にこだわらない、神経質でない性格が好きだった。ときどき大声を出して怒鳴ってもすぐケロリとした人だった。僕が帰郷してから義父の悲惨な死を聞いた時、僕の家中は暗い悲しい空気に包まれた。存命中だった老父は「可哀想に」と言って泣き、失業中の僕にかなり多くの小遣いを与え、仙台に行って思う存分、ご馳走を食べるように言った。母と違って無口で陰気な父は、人一倍、哀れな人を憐れむ人だ。

帰国のための長春出発

九月二十日、待ちに待った帰国の日はきた。僕たち引揚者は、小雨の中を笠でなく油紙で身体をおおい、屋根のない動物車に乗った。出発が三日遅れたのは長春占領中の国民政府が引揚者に賄賂を要求したからだ。僕が真剣に見てきた限りでは、こうした汚職は国府側に多く中共側にはほとんどなかった。中共側の勝利、国府側の敗北の大きな原因の一つはここにある。

車内の各貨車には臨時の大小を兼ねた便所が一つある。無蓋の大きなドラム缶の上にまたがって用を足す。便所を筵で囲んで外から見えないようにした。ある時、僕の後方からU夫人が便所に入ったという大声の連絡があった。皆がとっさに頭を下げるのは、前から飛来する弾丸を避けるためだ。僕も頭を下げた。その瞬間、ピッシャとした感じが額の上でした。生来、身体の動作が人より遅く鈍い僕は、その時も頭を下げるのが後れた。弾丸は額の丁度真ん中に突き刺さった。本物の弾丸であれば僕は即死しただろう。すぐリュックから貴重品のチリ紙を出して、額についた小指の太さで小指の半分ほどの長さの人糞だった。敗戦後、満州では塵紙が貴重品となり、大便以外には使わない。鼻は手鼻で、右手の人差し指で片方の鼻孔を押さえて鼻汁を飛び出させる。手鼻は、僕など一部の上品でない日本人がやったこと。満州に来た当初は手鼻を下品な習慣と見た。これは紙の不足からくる、経済的に必然的な習慣である。上品、下品の問題ではない。

例のU夫人が後で僕にお詫びをした。僕は言った。

「いや、大したことではありませんよ。少し運が悪かったんです」

日本語の運は、同じ日本語で糞をいう言葉の発音「うん」と同じである。

そばにいた誰かが「ウンのつきでしたね」と言ったので、起こっていた笑い声が大きくなった。たまたまU夫人は南原先生の卒業された四国のある中学校の同級生の夫人だった。このことを僕は帰国後、先生のお宅を訪問した時、先生に話した。その時、先生は言われた。

「君のあたまは、それから良くなったのではないかなあ」

喧噪の仲裁と帰国

九月末、六千トン級のリバティ型の貨物船に乗って日本に向かう。この船の定員は三〇〇〇人であるが、この時はその倍の約六〇〇〇人が乗った。日本の船は沈められてもうないという。僕たちの席は深い船底である。各人に与えられたのは畳約一畳分で、そこに大きなリュック一つと風呂敷が置かれ、その側に身体を横たえた。船底は空気が濁っているから、僕たちは出来る限り甲板に上がって新鮮な空気を吸った。船は渤海湾を過ぎ東支那海に入る。初め穏やかだった海は、急に荒れだした。台風である。海上で台風に遭うのは初めて。しかも大台風だ。

小山のような波という言葉は何度も印刷物で読んだが、そんな波は実際はないと思っていた。それが目前に現れた。七、八メートルの波になると、船は揚子江河口の上海近くまで避難した。台風の際は甲板に上がることは禁じられたが、僕は青年たちを誘い、太いロープにつかまって、甲板上を荒れ走る大波に身体を委ねて楽しんだ。ああ、これが出来るまで健康が回復したと思うと、不思議な気がした。大波はよく見ると七、八メートルをはるかに越えている。船は木の葉のように翻弄された。波と波の間に入ると、船は深い谷間に落ちたようだ。カメラは満州で処分したから持っている人はいない。船員はこんな高い波は実際に珍しいが、転覆はしないから安心しろと言う。普通は数日で行ける大連から九州まで一カ月ちょっとかかった。

台風が急に去り青い空と海が現れた。甲板は船底から上がった僕たち引揚者で溢れた。その時、甲板で事件が起こった。急に髭の屈強な中年男が、大声で団長のSに食ってかかった。

「俺はな、北満の開拓団団長として四四〇人の団員を連れて長春まで歩いてきた。大半は死んで長春に着いた時は四〇人だ。女房も三人の子どもも死んだ。その俺がお前のような威張りくさったヘナヘナ野郎にバカにされてたまるか。殺してやる！」

相手のS団長が、どのようにこの元開拓団団長を侮辱したのか分からない。権力を振り回し、特別に旨いものを食い、他人を侮ったに違いない。これは彼の日頃の態度からの推測だ。彼は国府軍から団長に任命された。怒鳴り終えた元開拓団団長は、身を翻して甲板から船底に消えた。間もなく彼は白鞘の短刀を持って甲板に現れた。その短刀を抜いて、たちまちS団長に踊りかかった。Sは真っ青になり広くもない、大勢の人で溢れる甲板上を逃げ回った。人殺しが始まる。見ていた日本人船員は係わり合うのを恐れて船室に引っ込んだ。僕の出番が来た。僕は叫んだ。幅広い元団長の背中に非力な僕は、しがみついて叫んだ。

「人殺しは止めろ！　止めろ！　オーイ、俺に誰か手を貸してくれ、頼む！」

僕と親しくなっている青年が二人、僕に力を貸してくれた。そして元団長から短刀をもぎ取った。僕は彼に言った。

「あんたの気持ちはよく分かる。あの男はやたらに威張りくさっているからな。しかし彼を殺ると、間違いなく人殺しの罪を犯すことになる。この船の中は日本の国内とみなされる。日本は民主主義の国になった。日本の船員もいる。彼を殺ると必ず臭い飯を食う。日本に帰って死んだ開拓団の人の分まで働いた方がよい」

僕の多少きざっぽい演説に彼は納得した。だが甲板上に溢れている多くの日本人引揚者たちは、どうしたんだろう。数名以外は傍観していただけではないか。赤の他人、自分に利害関係のない人に冷淡な人々。鎖国二六〇年間に身につけた封建的利己主義か。この二〇年の軍国主義時代に学んだ他人蔑視か。それとも誰も助ける人がいないほど、彼は憎まれていたのか。

この事件の三日後のこと。前から団長Sが船底で三人分の席を占めていることに人々の反論がおこった。席はより平等に分配されるべきだ。僕はここでも出しゃばってSに言った。

「団長さん、皆が船底で窮屈な思いをしています。席を少し譲ってくれませんか」

あの事件以来、少し恐縮している彼は、それでも僕に反対した。

「それは無理ですよ。私は国民党政府から正式に任命されて仕事をしているんですから」

だがそれは僕の考えている正義の考えに合わない。僕は小さなナイフを取り出し、団長の広い席と他の人々の席を分ける麻のロープを切った。やむを得ない手段だ。僕は言った。

「さあ、皆さん、少しずつ前に出てください」

Sは興奮して言った。

「何です！　それは。ヒドイですよ！」

僕は言った。

「ヒドイのはあんたの方だ。当然なことを聞かないから、僕は非常手段をとったんです」

これがきっかけで、あちこちから声が上がった。Sの変わりに相沢さんに団長をやってもらおうという。僕は言った。

「申し訳ないがお引き受けできません。僕は正義派だからそうしたまでです。団長になりたくてそうしたのではありません。団長のような仕事はまっぴら御免です」

大勢のやれ、やってくださいの声に押されて、日本上陸まで団長を引き受けることにした。団長の仕事は、細かい事務的な仕事や争いの解決から、九八〇人への三度の食事の公平な分配の仕事であった。ただ団長を引き受ける条件として、六名の若い仲間を助手として手伝ってもらうことにした。

船は日本の近海にきた時、海上で一時停泊した。船は船体から六〇〇〇人分の大量の糞尿を吐き出した。青い海はたちまち黄色に変わる。無数の細長い魚の大群が黄金の波に突入する。あれは高級魚のさよりだという。その時、中年の女性が甲板から投身したという。現場に急行する。その時、救命ボートは女性を救い上げた。女性はもの凄い形相で「死なせて！」と叫ぶ。調べると帰国しても身寄りがなく、子どもは死んで、夫はシベリアで抑留されている。大勢のソ連兵に輪姦され梅毒と精神病に冒されたという。こんな悲劇は、帰国日本人女性の間にたくさん起こった。

ソ連女性兵士に性的暴力を受けた男性の話もひんぱんに聞いた。日ソ中立条約がまだ効力があった一九四四年の夏のこと。ある日本兵がソ連と中国の国境線で道に迷い、ソ連兵に捕まった。二メートル近い大きな兵隊。実はそれが女性兵士だった。彼は女性兵士だけの兵舎に連れ込まれ、代わる代わる犯された。二四歳の屈強な彼は二日後、「秋の枯れ草のようになって」（彼の隊長の言葉）自分の兵舎に帰った。その頃まだソ連国境は平和でのどかであった。これは兵営の中で特殊な形で起こった男女同権の問題である。品のないセックスの笑い事で済まされるものではない。

上陸は一九四六年十月末。妻の勧めで郷里の父母に無事上陸の電報を打つ。検疫その他の仕事に二日かかる。上陸の晩、旧団長を含めた団長の最後の会議があった。僕がその議長を務めさせられた。夕食は長春出発後初めての和食である。その美味しかったこと！　僕には明朝の解散までに九八〇人に衣服を一着ずつ支給する仕事があった。僕は男性に、助手は女性に手渡す。衣服には立派なものからボロに近いものまである。品物の側に立って一人が二着取らないように見張ることが、僕と助手の仕事である。

明け方近くになって一番粗末なボロの軍服が一着残った。それは僕の分だ。病妻と共に郷里に帰り、両親や兄姉たちと感激の対面をした。

僕は母や姉から言われた。

「そんなボロボロの服装で帰って来て、近所の人におしょすい（恥ずかしいの東北弁）」と。

僕が、

「最後は団長だったから、すかたねえんでがす（仕方ないんです）。隊長は残った一番悪いのを取るのが当然でがす（です）」

と言うと、父はうなずいて目をしばたたいた。

第六章　新しい教員生活——新しい憲法への情熱

新しい決意

帰国してから僕は教師になろうと決心した。友人の一人が、スタートが数年遅れたから別の道を考えたらどうか、と親切に忠告してくれた。僕はその忠告を無視してしまった。人と比べて早さを競うのはいやだからだ。人にはそれぞれの生き方がある。今もそう考えている。競うのもいやだし、そのスピードを競うのは、なおさらいやだ。なお敗戦後、塾の教師をやったことが、教員志望の大きな原因だった。

嬉しいのは戦争が終わったことだ。どんな悪いことも戦争の名の下にやれた。世界最大の悪、それは戦争だ。僕は戦争が終わって最大の幸福を感じた。そしてこの平和を維持させるために一生を捧げよう。しかも教育と学問を通して平和のために、と決意した。

とにかく戦争が終わったことで、僕のからだ全体が希望と期待に沸き上がった。それに伴って健康が回復していった。よくは分からないが、このことが徐々に僕の長い間続いた病気を吹き飛ばした気がしてならない。ストマイ等の特効薬も飲まなかった。飲む金もなかった。これは従来の医学の見方から見て何とも妙だ。

それに立派な憲法が出来たことは僕の嬉しさを倍加した。僕は長い苦難の体験を経て、多くの人びと、特に戦争犠牲者と共に、この憲法を戦い取ったという実感がある。米国占領軍から与えられたプレゼントだとは考えていない。戦争と環境破壊に明け暮れた二十世紀を清算するだけでなく、これらを否定して歩む二十一世紀の理想を先取りしたのがこの憲法だ。若干の面に欠点と不適切な点が現れて来たとしても、基本的には正当だ。

現代日本人の間違いの大きな一つは、新憲法に若干の欠点と不適切な点があるということで、この憲法を十分守らないことだ。憲法そのものにあるのではない。これを作るとき米国人が権力をもって関与したから駄目だという人がいる。だが大切なことはその中味である。誰が関与したかを言うならば、程度はかなり弱いが明治憲法、つまり旧憲法を作るときは、ドイツ人、たとえばレースラー（Hermann Roesler）なども何ほどか関与したではないか。憲法と思想は違うというかもしれない。仏教も儒教もキリスト教も自然科学も——日本人には独自な見方や制度がなかったとは言わないが——外国人が考えたものではないか。

宮城県塩釜高等学校に勤める

僕は幼年時からの親友である中学教師・相沢市郎君（後の松島町教育長）のお世話で、郷里の松島町に近い塩釜市に仕事が見つかった。つまり新設の男子ばかりの新制塩釜高等学校に昭和二三年（一九四八）から二年間勤めた。一年間は非常勤講師として、一年間は教諭としてである。僕にとって刺激的なありがたい二年であった。

その前に昭和二三年、在京の兄（中央大学ドイツ語教授、後に東大教養学部教授）が同大学専門部に教師の口があると言ってきた。僕を遠くに手離したくない老父の強い反対で、この話は立ち消えになった。父は僕を自分の近くにおきたい、そして僕を政治家にしたい、即ち町長をやった後で県会議員と代議士にしたいという、町の有力者たちの要望に動かされていた。だが僕自身は政治家になることを自分が汚れるということで嫌っていた。そして学校の教師になり、憲法を政治学の立場から勉強し教えることを心から希望していた。

僕は打てば響くような純真な生徒たちを一生懸命教えた。担当した科目はドイツ語・英語・社会科と三つだった。少し遠い距離にある石巻市の新制高校でも時間講師としてドイツ語を教えた。東京にいる旧制二高の友人たちから寄せ書きがきた。「田舎で何を愚図愚図しているんだ。東京に出てこい」という励ましの便りであった。僕は田舎の学校で教えることに生き甲斐を感じており、単に東京に行くことが良いことだとは思っていなかった。その頃、宮城県の新設高校以下の教師に対する一時的奨学金の募集に応じて、五〇〇〇円を貰った。研究テーマは「日本国憲法の基本原理の政治哲学的研究」という大上段に構えたものだった。その後、東北大学法学部の清宮四郎教授（憲法）にお会いし、私費の大学院生にして頂いた。だが公費の大学院特別研究生を希望して断られた。この研究生は同大学出身のエリートしかなれない。

塩釜高校に勤めて間もなく、僕は新制高校を旧制高校と混同していたことから、学校から見て悪い事件を起こした。宿直教師として勤務中のことだ。僕を宿直室に訪ねてきた七、八名の生徒に安価な焼酎とするめを買わせて宴会をした。教師が生徒と一緒に酒を飲んで談笑することは、旧制高校では普通のことだった。それが翌日学校で大問題となり批判の的となった。僕は新制高校を高校という名称から旧制高校と混同するというミスをおかしていた。だが僕は真理と正義の前にどこまでも謙虚になることを熱心に生徒に説いた。僕自身の勉強と授業を通してである。偶然であるが、僕の生徒たちは、地元では一流とされる東北大学その他の大学にたくさん合格した。半世紀たった今も、卒業生の何人かと各地——わが家を含む——で、愉快なパーティを開いている。

塩釜では市内で稲荷長屋といわれる貧乏長屋の六帖一室を借りて、妻と一緒に住んだ。その室には元から老猫が住んでいた。僕は猫が嫌いだ。だが出てゆけといってもきかないので同居を認めた。夏のある日、僕は妻のそばでパンツ一つの裸で本を読みながら、身体にたまった垢を擦り取り、それを拡げた新聞紙に落としていた。猫がそれを見ている。その頃は銭湯にゆく経済のゆとりもない。時がたつと垢はかなりの量になった。僕はそれを集めて三個ほどの丸い固まりを作って猫に与えた。

猫はそれらをすぐ食べて、もっと欲しいという顔をした。このことを授業中に生徒に話した時、彼らは大笑いした。一週間ほどたって、一人の生徒が「おらえ（わが家）の猫は垢を食べなかったよ」と報告した。僕は君の家の猫はいいものを食ってるから、人間の垢は食わないのだと言った。

尚絅女学院短大から福島大学経済学部へ

一九五〇年、塩釜高校から仙台に新設された尚絅女学院短期大学に法学の専任講師として移った。旧制二高時代の恩師で東北大学教養部教授（ドイツ語）をしておられた志賀悌輔先生が僕を推薦された。先生はこの推薦について一言も言われたことはない。女子の学校の教師だから僕は服装や行儀に少し注意するようになった。十九世紀後半のイタリア独立革命の精神的指導者マッチィニ（Giuseppe Mazzini）の著書『人間義務』（Duties of Man）の邦訳を『人間進歩の倫理』という題目で出版した（東京・近藤書店）。塩釜時代の同僚で親友となった金沢大学助教授（倫理学）の戸頃重基君の推薦で出版した。この本で宗教的世界観に基づく政治的変革も可能であることを知る。このころから憲法上の問題として「信教の自由」という人権を研究し始める。その一部を一九五一年春、東北大学主催の法学会で報告した。

この学会で知り合った福島大学経済学部の井上紫電教授（民法）から、この学部に来ることを勧められる。高校の先輩で東北大学法学部の斉藤秀雄教授（民事訴訟法）をお訪ねしてご意見を聞いた。この学部には東北地方の大学では最も自由だが厳しい学問的雰囲気があると聞き、専任講師としてここに移ることを決めた。一年半後助教授になる。老父は郷里から近いという理由で行くことを許した。僕の福島行きを彼は非常に喜んでいることを老母から聞いた。老父は僕が福島に移って約一年後に八二歳で肺炎のため昇天した。この学部は聞いていた以上に素晴らしい学部であり、僕はライフ・ワークと決めた「国家と宗教」の研究を思う存分続ける。ここにいた約足かけ七年間に、国家と宗教、法の技術性に関する二、三のたいした価値のない論文を大学の論集（「商学論集」）に書いた。

ウェーバーとルカーチとの出合い

一九五七年、マックス・ウェーバー（Max Weber）の「政治書簡集、戦争責任論」（Politische Briefe und Kriegsschuld, 1921）（独文）の邦訳を同僚の松井秀親助教授の勧めで未来社から出版。これはマルクスに対抗しうる唯一の社会科学者といわれるウェーバーとの最初の出合い。「国家と宗教」の問題は当時、流行に乗っていない古臭い問題とみられていた。後で、大流行のテーマと変わり、僕は思いがけなくマスコミの世界に引っ張り出された。僕は福島でドイツのワイマール時代（ナチス統治以前の）の法律書、哲学書、及び仙台のアメリカ図書館から借りたアメリカの新刊の法律学書、政治学書を読み、そのサブノートを妻の協力の下に作った。この時代に研究上の基礎が出来つつあった。僕は一日数時間を自分の研究にあてた。その余裕を講義の準備にあてた。何と充実した福島時代だったであろうか。

また後でふれるゲオルク・ルカーチ（Georg Lukács）の著作との出会いも始まった。彼は意識を強調しすぎたとして、正統派マルクス主義者から批判された人。

上智大学法学部へ

一九五六年夏、在郷の先輩で兄の親友である箱崎文助弁護士から、来春新設の上智大学法学部に来ないかという誘いがあった。南原繁先生に手紙で御相談した。先生は長い巻紙に墨字で書いた親切な助言を送ってくださった。義長兄の鑑（精神科医）に見せると「何と弟子を思う真情に充ちた手紙だ。これを俺にくれ」と言った。先生は様々な事情を考えて、僕と妻が希望するなら上京しても良いと言って下さった。誰よりも妻が健康上、その他の理由で上京を望み、けっきょく僕も賛成した。

井の頭の家で

一九五八年、上智大学法学部助教授。六〇年、僕を含む法学部と経済学部のスタッフ七名で、上智大学教職員組合を結成した。それまでこの大学の教職員の待遇は悪かった。組合の結成まで約一カ月半。隠密のうちに慎重に事を運んだ。これが当局にばれればおしまいだ。大学当局は驚いたが、組合が出来て大学全体に、特に事務職員に明るさが増した。全世界で一〇〇〇以上あるカトリック系の学校で出来た最初の労働組合であるという。その後、いろいろな原因で、この大学は徐々に内外の評価を高めていった。

福島大学在学中から僕は京都大学経済学部の出口勇蔵教授（経済学史）から依頼されて、ルカーチの『歴史と階級意識』（Geschichte und Klassenbewusstsein, 1923）の末尾の論文「組織論」（Methodisches zur Organisationslehre）を邦訳し始め、上智大へ移る年に完成した。ウェーバーとルカーチという対照的な二大学者の思想が、僕に一応根を下ろした。だがウェーバーの方に力点がおかれた。ルカーチからは哲学的、社会科学に広範で精緻な理論的構成を学んだ。

『現代国家における宗教と政治』の出版

ウェーバーとルカーチの思考が、僕の主著『現代国家における宗教と政治』（一九六六年、増補改訂版＝一九六八年、勁草書房）を書く際の基本的な見方となった。この論文で僕は東北大学から法学博士（新制）の学位を受けた。この本は種々の評価を各方面から受けた。例えば面識のない東大経済学部の松田智雄教授（西洋経済史）から「理論的及び実証的研究の力作であり、又その現実把握への熱意は高く評価したい」（『朝日ジャーナル』）という過分の評価を受ける。これは憲法学的というより政治学的な著書である。かなり後になって『法学セミナー増刊　思想・信仰と現代』（日本評論社）は本書を「『法と宗教』の問題を信教の自由・政教分離の立場から取り組んだ体系的理論的研究の先駆的書」とした。和田昌衛・明治学院大学教授（西洋法制史）は出版直後、信教の自由と政教分離に関し本書ほど「徹底し又多角的に追求した研究は日本ではなかった」としながら、ドイツの信教の自由の説明は不充分であると批判した（『図書新聞』）。

靖国神社問題おこる

一九六八年、靖国神社国営化問題が起こった。靖国神社は戦没者や国のために死んだ人々を祭る神社である。当時、この人々への感謝と尊敬の気持ちを表すために、国費で彼らを慰め功績を称える法案である靖国神社法案（以下法案）が提出されようとしていた。法案は靖国神社を国家的施設にしようとして、その宗教性を抜き取ろうとした。憲法二〇条は宗教が国から特権を受けることを禁じているし、八九条は公費を宗教団体のために使うのを禁じているからだ。

この問題について国民の間に大きな対立が起こった。戦没者等に対して感謝することは必要だが、どうすれば有効に感謝の実をあげることができるかが重大である。要するに憲法に従って感謝すべきである。それは、憲法は一切の国民、殊に権力者が守るべきものだし、憲法の内容は基本的に正当だからだ。この問題は直接には信教の自由に関するもの。信教の自由は言論、集会、結社などの諸自由と手をとりあって、したがって民主主義と平和主義と手をとりあって戦いとられた自由である。この法案反対の闘争に少数の同志と共に立ち上がった僕が、たまたま「朝日新聞」に法案に反対する論説を書いた。これは反対運動が日本全体に拡がる一つの誘因となった。僕は運が良いと考えた。この論説は新聞社から依頼されて書いたのではない。僕の方から積極的に依頼したもの。その後、この問題に関して、僕は一年に三六回の講演をし、四つの論説を書いた。そして過労のために倒れた。第二次大戦で運良く生き延び、この闘争で死ぬのかと思うほど多忙だった。この全国的規模の反対運動の結果、その法案は三度国会で阻止された。だが現在も首相等の靖国神社参拝の計画がしつこく進められている。僕が生まれて初めて右翼から脅迫状を受けたのはこの頃だ。南原繁先生にこの脅迫のことを話すと、先生は「君も一人前になったね。僕は三、四度受けたよ」と言われた。新中国と韓国の政府が、国の外から軍国主義反対という点から反対闘争を支援した。新中国を訪ねた日本人から、北京の新聞で僕の名前を見たと言われた。

初めてのヨーロッパ滞在――西ドイツ復興の原因

時は一九六四年にさかのぼる。その年の四月から翌年四月まで僕は西ドイツ政府の奨学金を得て、ケルン大学のエルンスト・ヒッペル（Ernst von Hippel）教授（国家学・政治哲学）のもとに留学した。西ドイツ政府と上智大学のヨハネス・ジーメス（Johannes Jiemes）教授（哲学）との両方の推薦で留学が実現した。この海外渡航は、僕にとってまったく予期しないものであった。

出発前、恩師の堀豊彦先生（元東大教授、政治思想史）は、僕に留学中はのんびりして過ごすように、東京でのように忙しくしすぎないようにと忠告された。しかしこの忠告に背いて僕は初めは、研究に没頭しすぎた。この本も読もう、あの本も読もうと欲張った。それに、大学の研究室には見たことも聞いたこともない本が沢山あり、僕を夢中にさせた。ケルン到着から約一カ月は健康、殊に胃腸の調子が良くなかった。

僕は長い間、ドイツの本に親しんできたのに、日常会話に慣れるのにかなり手間がかかった。東洋の言葉が目で見る言葉なのに、西洋の言葉は話す言葉であることもある。知的及び学問的な会話や討論は到着当時からある程度出来た。だが聞くことと話すことのうち、聞く方はより早く慣れたが、話す方はなかなか進まないままで帰国した。初めてヨーロッパで暮らし、東洋ことに日本とも、又旧満州とも異なった人々の生活、慣習、考え方、それ以前の自然の違いに驚いた。近くにあるケルンのアデナウアー公園に毎日通って土を手で取って、これは東洋の土とどう違うのか、公園内の花の蜜を吸う昆虫は日本のとどう違うのか、月は日本でよりはっきり見えるとか、現地のドイツ人は僕のような東洋人を実際の年齢より十幾つも若く見るんだとか、たわいもないことを思った。

敗戦後のドイツの、日本と比べての急速な復興は、なぜ起こったかが、最初から興味があった。この疑問を何十人かのドイツ人にぶつけた。日本ではドイツ人の勤勉さが指摘された。だが本場ではいろいろな議論があった。たまたま知り合った百貨店の社長ヒエロミニ（Theo Hieromini）さんに自宅に招待されたとき、そこに集まっていたケルン大学のヘルメンス（F. A. Hermenns）教授（政治学）、代議士（名前は忘れたが与党に属した）の皆さんにこの問題をぶっつけた。会話の勉強にもなるからだ。彼らの一致した答えは、戦後、東欧諸国から帰国した四百万の優秀な技術と頭脳をもった人々の力が一番貢献したという。ドイツ人の勤勉さはと聞くと、ドイツ人以外のどの国民も勤勉だという。戦争で破壊された古い生産施設に代わって、生産性の高い新しい施設も経済復興に貢献したこともあるだろうというと、これも一つの原因だという。米国の大規模な経済援助が大きく作用したという事実を、誇り高い彼らは最後につけ加えた。

その後、さまざまな人々にこの質問をした。その中に、アデナウアー首相が優秀だったからだとか、エアハルト蔵相がしっかりしていたからだとかいうように、政治家個人の能力を復興の原因にあげる人が多かったことは興味深い。そこに社会的経済的にものを見る人と個人の能力に注目する人の違いが目立った。

僕は渡欧する時、ドイツ語会話の修得のために、ドレスデン号というドイツの貨客船（貨物船で、旅客をのせる設備のあるもの）に乗った。これは途中で東洋各地の港に寄港することで、アジア諸国の国民の生活に少しでも触れてから渡欧しろという友人の助言によった。少々高い金を出して貨客船（船内の等級は一等しかない）での、僕には贅沢すぎる船旅をすることになった。船の切符を出す駐日ドイツ大使館は、その船賃は高すぎるから一部を負担せよという要求に僕は従った。大使館の態度はドイツに呼んでやるから要求を聞けという高飛車なもの。上智大学の同僚で友人の前田俊郎教授（刑事学）がドイツ官僚主義の典型ここにあり、相沢君、頑張れよと叫んだほど。ドイツ到着後、僕は大使館の態度とはまるで違った温かい取り扱いを各方面の人々から受けた。旅行は予定より二週間長引いて四五日の長旅となった。これは港々で港湾労働者のストライキが起こって、本来の物資の積み卸し作業に手間取ったためだ。初めて見る東南アジアの人々と風物は、僕の知的な良心と好奇心を強く刺激した。

貨客船での愉快な旅

船旅そのものは非常に楽しく愉快だった。貨客船だから船客の定員は一二名で室は個室。東洋人は僕一人。アメリカ人が一番多く、他はヨーロッパ人で、当時の僕から見ると皆、金持ちだ。僕は最も質素な生活をしてきたことを感じた。僕は毎朝、他の船客が起き出す前に甲板に出て、約二時間、研究の仕事をした。そして朝食時に仕事をやめた。

日本での二十三回に及んだ送別会のための僕の疲労は次第に回復し、僕本来の陽気さが戻ってきた。いつの間にか僕は――こういうことは言いにくいが――船の人気者になった。東洋人の間でなく西洋人の間でである。ミンダナオ島のプッアン港の夜会で、僕が船長から依頼されたホスト役をこなして、船客たちから喜ばれたのがきっかけだ。ペナン港で下船した晩の宴会で僕がチンパンジー踊りをやり、会場のすべての客――見知らぬ客を含めて――をその踊りに巻き込んだことが決定的となった。珍しい日本人、しかも学者だとは！　僕はドイツ到着後は学問研究に専念して、芸能人のまねごとはやめる予定。途中、僕たちはエジプトのスエズで下船しカイロに車で行った。船長はここで最高のナイトクラブに僕たち船客を招待した。生まれて初めてのナイトクラブだ。女性が側に来ることもなく、各自が椅子に腰を下ろして、ビールを飲みながら舞台の掛合漫才・歌・踊りを見る。あまり面白くない。有名な腹と腰をくねらせて踊るベリーダンスも出てこない。他の船客がブーブー言い出し、こう言った。

「そうだ。相沢さんに舞台に出てもらおう。チンパンジー踊りは喝采を受けること間違いなし。出たギャラでもっとビールを飲もう」

僕は船客たちやスチュワードの強い誘いを懸命に断った。そこまではやりたくない。仲間うちの余興としてやるのは今までのように良い。見知らぬ日本人の客もいた。恥ずかしい。僕には変な二面性がある。くそ真面目さと底抜けのふざけ好きがある。だから子供時代から「おだち」といわれてきた。上智大学である時期の年末に「教職員・学生の余興の会」があった。教職員・学生からそれぞれ代表がでて芸を披露した。僕は二度代表になったが入賞せず。

地中海に入り胃腸を悪くしたのは、慣れない御馳走の食べ過ぎのせいだった。お別れパーティでは何人かの船客が、後で自宅を訪ねて宿泊するように言った。だが実際に一度も訪ねなかった。

ケルン到着

イタリアのゼノアに上陸。途中まで一緒だったのは本国に帰るドイツ人神父、ドイツのパッソーを目指すオーストリア人の若いバレリーナである。やはり初めて見る北イタリア、スイスの自然の景色に目を見張った。自然といっても日本と違いスケールが大きい。五月初め、少々胃腸を悪くしながら無事ケルンに到着。駅に上智大学を終えて留学中の若林吉彦君（後に上智大学副学長）及び和田広君（後に日本の大学教授）が出迎えに来てくれた。両君には非常にお世話になった。下宿を見付けるという困難な仕事は和田君が引き受け、市役所やケルン大学やヒッペル先生との連絡は若林君が引き受けてくれた。僕は山の手に当たる住宅街のリンデンタールのウーラント・シュトラーセにあるミュラー家の三階の一室を借りた。ここに一年間、帰国まで住ませてもらった。ヴェルナー・ミュラー（Werner Müller）氏は頭の良い温厚な二十八歳の行政官。ケルン大を出て第二次公務員試験受験を控えていた。彼はすぐその試験をパスした。夫人は明るい二十四歳の人。二人の間には四カ月のトーマス坊やがいた。初めの一カ月は胃腸も回復せず下宿にもなじめない生活だった。これは仕方ないことだ。僕はすべての人に感謝した。

恩師ヒッペル先生について

ケルン大学のエルンスト・フォン・ヒッペル先生は僕の最も敬愛する先生の一人となった。はるばる東洋から来たと、初めから温顔をもって僕に接せられた。先生はプロイセンのフリードリッヒ大王の重臣である有名な作家テオドール・ゴットリープ・フィン・ヒッペル（Theodor Gottlieb von Hippel）を先祖とされる。その後は先生を挟んで三代に亘る学者一家である。先生は公法・国家学・国際法・法哲学の学者である。ヨーロッパの学者によく見られる、複数の学問をこなす広い視野の持ち主である。わが師、南原繁先生はヒッペル先生の『国家哲学史』上下二巻（Geschichte der Staatsphilosophie, 1957, Band 1, Band 2）をよく読んでおられた。僕は渡独直前はヒッペル先生の最近作

『一般国家学』(Allgemeine Staatslehre)を入手したが、まだ読んでいなかった。渡独直後から僕は先生の希望で、この本を中心として研究に専念することになった。むろん講義にも出た。

先生は僕にこの本をあげると言われたが、僕は既に持っていたので、いただかなかった。だが前にふれた『国家哲学史』のほうをいただいた。先生はまず『一般国家学』を徹底的に読むように指示された。その際にゲオルク・イエリネック(Georg Jellinek)の学説を批判した点に主眼をおいて読むように指示された。イエリネックの『一般国家学』(一九二二年)は今もドイツや日本で高い評価を受けている。一冊の著書が半世紀以上も新刊書の書店の店頭にあるのは注目すべきことだ。その日から僕は重点的に先生の本に取り組んだ。先生の研究室だけで何千冊かの本がある。そのほとんどすべてといってもよい本が、読んだことはもちろん聞いたことのないものばかりだった。先生から指示を受ける十数日前から、つまり研究室に入ったその日から、それらの本の頁をめくった。そして手当たり次第にノートにメモした。時間の不足を痛感する毎日だった。

先生は初めてお会いした時、こうも言われた。

「君の履歴書と業績表を見た。視野が広く根の深い研究をしている。君を単なるドクターと思っていたら既に教授なんだね。個室をあげたいと思うが、今大学はこの通り改築中で困ったね」

僕は言った。

「僕は本を借りていっては下宿で午前中勉強し、午後この研究室で講師のドクター・ブリンクマン(Dr. Karl Brinkman)さん(後に教授、国家学)等にお会いします。そして先生の講義を拝聴します。

だから個室は要りません」

　先生は言われた。

「秘書のブッギッシ嬢に何でも頼みなさい。大学図書館の文献目録があるから、それを見て読みたい本があれば、彼女はすぐ取ってきてくれる」

　ドクター・ブリンクマンや研究室に出入りする学生をはじめとする様々な人たちとの交流は始まっていた。彼らは僕の持参する大型の相良独日大辞典に関心をもった。夕方の帰り道にアデナウアー公園という大公園を一人で歩き回り、ときどきベンチに腰を下ろしている一般の人とも話す。

エルンスト・フォン・ヒッペル先生

　ドイツ人は大男、大女ぞろいである。女性は中年になると太る。なぜ太るのかと聞くと、下宿の人はコーヒーの飲み過ぎだと言い、スマートな女子学生は民族生理的現象だと言った。その女子学生に僕が背が低いようなものかと聞くと、そうだと答えた。ケルン到着後間もなくのことだ。大学近くを歩いている僕に、母親と共に反対側から歩いてきたまだ三、四歳の幼女が、立ち止まって僕を指さして大声で言った。

「ママ、ママ、見てご覧なさい！　あの人、なんて小さいんでしょう」

母親は娘の失礼を窘《たしな》めたようだが、その声は低くて聞こえなかった。僕は幼児ににっこりして「今日は」と言った。偉そうなことを言うと、中学卒業の頃から人は外形と中味はまったく別だと確信していたから。

その後、ヒッペル先生からもう一冊の先生の本『機械的法思考及び道徳的法思考』(Mechanisches und Moralisches Rechtsdenken, 1959)を頂いた。拾い読みする。「一般国家学」もこの本も自然法思想の上に立っている。これにも様々なものがあるが、共通点はこうだ。国家権力が作った法——これを実定法という——を越え、これに目標を与える人間普遍の法が自然法である。自然法思想が第二次大戦後、ドイツに復興したのは、ナチス・ドイツの没落と関係がある。ナチスは国家権力の絶対性や最高性を強調した。そして普遍的で全人類的な正義や善を無視した。これに対する反発と批判が、自然法思想復活の根本的原因である。渡独後、僕が痛感したことは、日本のマスコミがドイツの敗戦前はドイツ一辺倒で、今は米国一辺倒の嫌いがあることであり、そしてドイツ(西)の戦後の復興を知らなさすぎることだ。それが文化や思想や学問についてもいえることだ。日本のマスコミの一部は、しばしばドイツのそうした世界は決定的に没落して、再起はあり得ないとまで書いた。

南ドイツ及びウイーンへの一人旅

十月末、研究がひと段落したので、南ドイツのミュンヘンやアルプス山麓やオーストリアのウイーンへの一週間の一人旅をした。例によって、間の抜けた僕の一人旅は小さな失敗の連続だった。だが愉快な旅であった。ミュンヘンの古い典雅な佇《たたず》まいやアルプス山麓の、バイオリン製作で聞こえたミッテンワルド辺の景色にひきつけられた。後で夏にまた来たときは、周囲の山の雪がなくなって汚くなっていた。ウイーンの国立オペラ劇場に飛び込んで運良く見た、歌劇「椿姫」（ラ・トラヴィアータ）の感動的だったこと。この感動はケルンに帰るまで一週間続いた。

旅から下宿に帰ると、ケルン大学の未知のヘリング（H. Hering）教授（国家学）から速達が来ていた。それによると、来年秋、ヒッペル教授に「七十歳生誕記念論文集」を献呈するから、意思があればそれに載せる論文を書かないかと言う。僕は一晩考えた末、引き受けることにした。研究を一時中断するけれども、名誉だと考えたからである。僕はやはり俗物だ。論文の題名は「日本の国家学での宗教に対する無関心とその理由」である。その一部は日本で公表済み。だが、それに渡独後の研究成果を追加するつもりである。その後四カ月をこの仕事に費やした。

十二月初め二人の日本人留学生と共に、その中の一人の車で、ベルギーから北フランスを経、ルクセンブルクを通って帰る一週間の旅をした。北フランス農村は、敗戦前調査旅行の途中において通った内蒙古ホロンバイルの大草原を思い出させるほど広大だった。僕たちはフランス語が殆ど話せないのに、田舎のレストランの人のよい主人と二時間も話し、注文しない上等のワインをご馳走になった。その秘密は、僕たちの身ぶり手振りにある。外国に行く時は、何年も苦労して外国語を覚えてゆくよりも、一カ月ぐらい身ぶり手振りのパントマイムを習って行った方が良いかもしれないと思った。

二月初めに日本語で書いた論文は出来上がった。それを三週間ほどでドイツ語に翻訳し、研究室の助手に見てもらい、当局に提出してホッとした。三月初め大学の学生旅行団のバスに便乗して憧れのパリに行った。学生たちとの旅行なので、ホテルは粗末で汚かったが、それは僕にとって平気だ。パリは派手ではなく、しっとりした美しさで僕を魅了した。凱旋門のあるシャンゼリーゼのカフェテラスに屯する人々の表情の柔らかく親しみ深いこと。人をジロジロ見るドイツ人の不作法さや不気味さはない。モンマルトルの丘の絵描きたちのいる広場や、ノートルダム寺院の側の古本屋の並ぶセーヌ河畔が一番気に入った。この都市の住民はフランス大革命を起こし、ナチスとのレジスタンスを戦ってきた意識の高い勇敢な人々だと思った。だが「パリも素晴らしいが、京都もいいですね。静かで深みがある」と言った日本人留学生の言葉にも賛成した。

ポーランドへの旅——アウシュビッツ収容所

三月中旬、ポーランドのクラコウ大学でポーランドの近代史を勉強中の山崎友宏君（上智大学卒で現在米国で特許問題で活躍）の誘いで、ポーランドに一〇日間の旅をした。ワルシャワまで出迎えてくれたのは、山崎君と日本大使館勤務の風間隆寿君（上智大学卒業生）である。ホテルのロビーで大勢の記者に囲まれている髪の長い女性を見る。彼女は四年に一度のショパン・ピアノコンクールで優勝が決まっている、アルゼンチンのアルゲリッチだという。中村紘子は四等入選に決まっていた。彼女の可愛い和服姿が、ポーランドの週刊誌の色刷りの表紙を飾っていた。「あんな小さな手でよくピアノが弾ける」と新聞が書いていたという。

ポーランド人は昔から何度かドイツ人とロシア人に侵略されてきた可哀想な国民。それだけに傲慢さのない素晴らしい国民である。僕がクラコウ大学の何人かの学生に、ポーランド人で誰を一番尊敬するかと聞くと、みな音楽家ショパンと答えた。たまたま紹介されたヴォルテル（Ladislas Wolter）教授（刑法）とはとても気が合った。彼はナチスの強制収容所にいた時の恐怖と絶望の体験を僕に語り泣いた。収容所から帰ると、拷問のため人相が一変した父親を、子どもたちは父親だと気が付かなかった等と話した。僕は貰い泣きをして、一時間の会談の予定が二時間に延びて、周囲の人々に迷惑をかけた。中年以上のインテリはドイツ語を話すが、一般人はポーランド語の外は、英語とフランス語を話す。山崎君の案内で、ナチスが何百万人虐殺した有名なアウシュビッツ強制収容所に行った。日本で展示会や写真で見たのと違う言葉で言えない凄惨さであった。見物の人々は思わず沈黙してしまった。日本の一女性代議士はここで卒倒したという。

帰国直前、農業国オランダに三日間の一人旅をした。コイケンホーフのチューリップ園の壮麗さ広大さが印象に残った。四月半ば過ぎ、いよいよ日本へ帰ることになった。もう一年いる予定だったのに一年間で帰国する理由は、日本にいる老母がしきりに帰国を促したこと、僕自身たいへん疲れたことだった。だがまた来るつもりでいた。「一年で帰るのは残念」とヒッペル先生に言われ、再会を約束した。物静かで誠実な下宿の主人、若い連邦行政官ヴェルナー・ミュラー（Werner Müller）はお別れに僕に言った。

「あなたと一年共に暮らして、とても楽しく又ためになった」

古ネクタイをバンド代わりにしている僕を、彼は節約な国民と誉めたことがある。

僕は全く同じ感想をもったと言った。夫人は明るい人で日本の美しい自然の風景の絵葉書を見て「まあ素敵、ぜひ日本に行きたい」と言った。一歳足らずのトーマス坊やは、僕を見ると、よく「ワー、ウワー！」と声を出した。四月中旬、空路ケルンを発ってフランクフルト及びローマに合計数日滞在して、四月下旬帰国した。すぐ上の兄は言った。

「一年も外国にいると、たいてい垢抜けしてスマートになって帰るものだ。そうなのに久は垢が付いて帰ってきたなあ」

僕は一年間の食物が良すぎて、かなり肥って帰ってきた。

外国での論文執筆——政治学関係の本の執筆

帰国してすぐ上智大学の仕事に戻った。当時この大学の学部長は大学側の推薦で決まることになっており、教授会による選挙で決まるのではなかった。当時の青柳文雄学部長（刑法）は僕を次期の法学部長として推薦したが、僕はすぐ断った。研究に専念したかったからだ。僕は学問をするために教師なったので、管理職はわずらわしかった。

「ヒッペル先生生誕七十歳記念論文集」が、翌年の一九六五年に出来た。僕がそれに寄稿したことが上智大学で分かり、学部長はそれを大学の名誉として公表することを求めたが、僕はこれをも断った。この論文の大筋は既に「上智法学論集」で公表したからである。この後、南原先生から電話で僕のこの寄稿についておめでとうと言ってこられた。恐縮した。日本で既に公表した一論文が、外国の権威のある本に載ると、権威を高めるという事実を初めて知った。

これより以前の一九六二年、堀豊彦東大教授の監修される「玉川百科大辞典」の第二一巻『政治・法律』（共著、三章「社会・国家・権力」、八章「民主主義・共産主義・ファシズム」）を書いた。堀教授の依頼によるもの。僕は日本の当時の学問的水準を踏まえて書いたが、独創的見解を出すほど僕の研究は進んでいなかった。執筆したのは暑い夏で、貧しいわが家には冷房がない。妻と共に近くの井の頭公園の片隅に机と資料と食料を持参して、上半身裸になって書いた。ときどき警察官が見に来た。夕方になるとたくさんの蚊が襲ってきた。この仕事には四カ月要した。

一九六六年、長い時間と労力をかけて書いた僕の主著『現代国家における宗教と政治』（勁草書房）及び六八年の同書の増補改訂版のことは既に書いた。この著書の影響で僕の生活は忙しくなった。学生への講義はそのために粗末になったのではないかと心配した。教師には学会への寄与と学生に対する講義・指導という二つの仕事があって、両方共に大切だから。

学生に説いたこと

僕は専門として憲法や国法学や政治思想史を教えた。その中で、一般的な僕の基本的な考え方の

僕の母と郷里を訪ねた学生たち

一部を簡単に述べる。

(1)　人は社会の中で生きているから、社会から影響される。その社会が変われば、原則として人の意識も変わる。軍国主義の社会では社会の国民の意識も軍国主義的だから、社会そのものを改める必要がある。だが社会を改めるといっても、それでその中の人の意識がすぐ良くなりはしない。社会が良くなることと、その中の人の意識が良くなることとの間にはずれがある。このずれは人の意識が社会の変化に後れるために起こる。軍国主義時代が終わっても、国民の意識には軍国主義的意識が根強く残り、社会の改新を妨げる。憲法上は天皇を神とした時代は終わったが、国民の意識には古い天皇中心の意識が残って民主化を妨げている。だからこの意識との戦いが大切だ。具体的に改革をいかにして実現するか考えると、一人又は少数者から始まる組織的活動が自主的、主体的に行なわれるべきだ。

(2)　次に知的な謙譲がいかに必要であるかについて。大学四年のゼミの初めに、一年かかって理解すべき課題として学生に要求することは唯一つ。「私が知っていることは唯一つ。それは私が何も知らないということだ」という古代ギリシアのソクラテスの言葉を少しでも理解することだ。この言葉を大学を出てからも、一生かかって理解するために常に努力することだ。こういう僕がこの言葉の深い意味に気付いたのは、恥ずかしいことに学生時代でもなく、三十代でもなく、四十歳近くになってからである。八十六歳の今も、この言葉をもっと深く理解しようとして、僕なりに精進している。僕は大学生の頃は何でも知っているという自惚れにはまっていた。その結果、知的な活動と進歩は停滞した。自己満足は最大の敵である。詩人ゲーテが「永遠に若い」といわれたのは、彼がソクラテスの言葉の実行を目指して戦い続けたからだと思う。

　これに関連して言ったことは学校の成績のことだ。大事なのは、生涯の成績であって学校時代の成績ではない。問題は学校を出てからだ。中年、老年になっても自分なりに目標をもってどこまでも歩むことである。失敗は必要な悪である。失敗しない人間は自分を真に改革することができない。それは他人の苦しみ、殊に病人や貧者や敗者のことが分からないし分かろうともしない。失敗は乗り越えなくてはならない。人の思惑は気にしても、それに囚われてはならない。学校の優等生は意外に伸びない。優等生は学校の成績に自己満足し、失敗を恐れる。又教師や世の中が優等生を甘やかすからである。そうかといって学校の劣等生の方が良いともいえない。要は失敗してどこで起き上がるかにかかる。「人が生きるということは、常に過ちを正し心を広くし、思想を大きくしてゆく過程だ」というロマン・ロランの言葉は常に重要である。

(3) 僕は流浪の民であるロマに関心をもちそれについて三冊の本を書いた。ロマはジプシー(Gypsy＝英語)とかツィゴイネル(Zigeuner＝ドイツ語)とかボエミアン(bohémien＝フランス語)とかいう。ロマは正式な呼び名であって人間という意味だ。その他のジプシー等の呼び名は差別語だから使わない方がよい。

彼らに会うと何か引かれるものを感じる。だが感じない人もいる。僕は彼らに親しみをもち好意を感じている。世の中の一般の人々から見下されているから、不憫だと思う。それに文明に汚されていない。無邪気で素朴である。彼らを僕はこういう風に感じるのだが、そう感じない人もいる。彼らを見下す人に彼らは心を開かないから、無邪気さも見せない。だからそういう人はロマ無邪気論を認めない。そういう人の方が多いようだ。ロマとロマに接する他人との間には、こういう意味で相関関係があると考える。

現代の哲学者のジャン・ピアジェ(Jean Piáget)は一般的な問題として、次のように言っている。「関係的なものがある。つまり交互作用というものがあって、それを最優先の実在と見る。そして全体を交互作用の産物と見る。私たちの学際的な見方から見て、この考えは人間科学の中で次第に明らかになってきた」(J. Piáget, *General Problems of Interdisciplinary Research and Common Mechanism*, 1970. 芳賀純その他訳『現代科学論』福村出版、一九八〇年、三六頁)。

従来の方針を捨てて管理職

一九七五年からおよそ四年間、それまでの方針を変えて、法学部大学院研究科長を一期二年、法学部長を一期二年足らずをした。大学の管理職は研究生活を妨げるという従来の方針を捨てたことになる。以前は大学側の任命制だから管理職も断ることができた。今度は何年か前から教授会による選挙制と変わった。断ることは責任回避で、ずるいと見られるようになった。ならないようにする事前運動もおかしいと思われた。僕は普通にこなした。元々一面で事務屋の面もあったから。対学生の問題より教授の人事問題の方が骨が折れた。大学側と教授会とが何回か対立したからだ。週に一度の学部長会議があった。この会議では僕は法学部のスタッフ（教授たち）の陰口は絶対にきかないようにした。僕のエチケットの一つだ。学部長中も、趣味である東京近辺の低地――高い山は恐い――登りは、従来通りした。山登りの名人で友人の高木健次郎君（獨協大学名誉教授）が言ったように、山に登ると数日は体の調子が良い。学部長は二期かそれ以上やるのが普通だが、僕はこの常識に反して一期で辞めた。それはロマの本を書くためである。

第七章　ロマ（ジプシー）の研究

ロマ研究入門書の出版

僕は前に言ったように、本来の「国家と宗教」「法と宗教」の研究のほかに、十数年前から「ロマ」（ジプシー）研究にも取り組んだ。少数民族の研究ということもある。憲法で大事にする人権保障の問題にもなる。何といっても僕にとってはロマが好きなのである。ほかの人からはそう見えないかも知れないが、自然に即した暮らしをしている、素朴で無邪気な人々なのである。この「ロマ」の研究をまとめるために、僕はサバティカル・イヤー（sabbatical year）を取った。これは七年ごとに大学教師に与えられる一年間の休暇で、アメリカで始まった制度である。

一九八〇年、僕は『ジプシー――漂泊の魂――』（講談社新書）を出した。この本はロマ研究の入門書である。この本はマルティン・ブロックの僕の訳（Block, M., *Zigeuner. Ihr Leben und ihre Seele*, 1936, Leipzig. 『ジプシーの魅力』養神書院、一九六三年）から大きな影響を受けて書いた。研究の独創性は少ない。その直後に研究書として英文学者・木内信敬さんや詩人の小野寺誠さんの立派なジプシーの本も出たが、幸い僕の本が一足先に出た。邦訳書はかなり多い。出版直後に出た「読売新聞」の僕の本に関する「著者と一時間」を引用させてもらう。

「『ヒザをつき合わせてみると、かれらは実に明るくて、無邪気で……。笑うときなんかも、酒が入っているみたいに全身で笑う。かれらは自分で《われわれは自然の王者なんだ》といっていました。この体験がなければ、私はこの本を書かなかったでしょうね』。ヨーロッパ批判の書でもある」

ヨーロッパ批判の本と言われて僕は驚いた。特にそれと意識しなかったから。ジャーナリストは鋭い直感力をもっているんだなあと思った。

ロマの村を訪ねる

その三年前、僕は一回目の「ロマ村訪問」について、「朝日新聞」の文化欄（一九七一年十一月四日）にエッセイを書かせてもらった。今から見るとこれは情報不足も欠点もあるが、そのまま掲げる。

ジプシーは遠くインドを故郷とする永遠の流浪の民である。すでに定住しているジプシーも多いがかれらは本質的には流浪の民だ。何百年もの間かれらは一方では手相占いをしながら、また陽気に楽器をかなでて踊りながら、他方では道路掃除や行商や鋳掛け屋や自動車修理などの下級労働をやりながら、世界を流浪してきた。かれらが最も愛するものは広々とした野や森、かぐわしい空気、見晴らしの良い峠、さんざめく渓流。つまり自然だ。かれらの人生観が底抜けに明るいのは、自然を愛し自然と解け合った生活をしているからだろう。

彼らは今日のことは今日だけ考える。昨日のことにクヨクヨせず明日のことを思いわずらわない。彼らぐらい文明に影響されず、それから超然として生きた人々もないだろう。最も彼らの旅の道具は今までの幌馬車から住宅車に変わった。彼らの主産業の一つだった馬の売買や飼育は、今や自動車の修理・解体・中古車の売買・斡旋に変わった。私たちは同じ東洋人でありながら、何と自然に逆らい文明を信仰し自然を征服することを進歩と考えてきたことだろう。そのため公害や環境破壊で苦しんでいる。

彼らが自然を友としてきたことは、彼らがインドを故郷とすることを考えるとなるほどと頷ける。彼らは九世紀頃インドを出て、小アジアを経、十四世紀から十五世紀ごろヨーロッパ各地に姿を現す。純粋のジプシーの髪の毛は漆のように黒く皮膚の色も白人とは違う。深くたたえた眸も東洋風である。ドン・ホセを虜にしたジプシー娘カルメンの眸はこれだ。

かれらは今、日本と中国を除く世界各地、殊にヨーロッパに住み、人口は約二百万から六百万と推定される。彼らは長い間文明になじまず、不潔な怠け者として軽蔑され差別された。第二次大戦でナチスは、ユダヤ人を主とする四百万の市民を虐殺したが、その中には約四十万（ヨーロッパの彼らの人口の約四〇パーセント）のジプシーがいた。

僕は数年前、ジプシーを研究したマルティン・ブロック（Martin Block）の本を邦訳したのをきっかけにジプシーに興味をもつようになった。昨年秋ドイツにでかけるときの念願の一つは、彼らを訪れ、彼らと親しく話をすることであった。ドイツでも彼らは最下級の労働で暮らしている。彼らは山窩（さんか）のように独得な、彼らだけのひっそりした生活をしており、よその人が入りこむのを嫌う。周囲から卑しめられいじめられてきた以上、それは当然である。もし近づいても、意地悪をされるか、ていよく追い出されることが多い。彼らを訪ねたいという私の希望は約一〇カ月かかって、ドイツ人のプロテスタント修道女ドロテア・ホーバさんの尽力で実を結んだ。ドイツのジプシー村の伝導をしていた彼女と昨年十一月知り合った。晴れたこの八月初旬の朝、彼女は私にジプシー村訪問の機会がやっと与えられた、と電話で知らせてきた。日本のお土産をもって彼女の車でケルン北方の現地に着いたのは、その日の午後三時半頃である。ジプシーの翻訳をしたということは言わないで、ジプシーを敬愛しているから来たといってくださいと念を押された。

交通不便な荒れ果てた湿地帯に、みすぼらしい家が十二、三件、七、八メートル幅の道の両側にひしめきあっている。まず訪ねたのは、ここでたった一軒しかない生粋の流浪ジプシーで、一時逗留している家族である。流浪ジプシーは定住ジプシーを本物のジプシーではないといい、後者は前者を汚くて野蛮だという。この家族もほかの人々とは肌が合わないようだ。この流浪ジプシーは家財道具も少なく、何もかも汗と泥にまみれていた。これは当然だ。五十年配の父親は最近旅の途中、けががもとで死んだ十一歳の息子のことを話した。私は心から悼みの言葉を述べた。四十代半ばぐらいの母親は九人の子どもを産み過労でやつれていた。東京では五月頃の気温なのに、子どもたちは真裸でドロドロしたじゃがいもらしい食物を入れた皿をかかえて走りまわる。三五年前にマルティン・ブロックが書いたルーマニアの流浪ジプシーとよく似ているのが面白い。ドロテアさんは終始ニコニコして親しげにこの家族と語り合っていて感心する。汚いと思いシラミを恐れ、つとめてニコニコしている私自身に気づく。

二、三軒回った後、優しい顔をした長老の一人の裕福なおばあさんの家を訪ねる。ドロテアさんはほかの家に行って私一人だ。この社会では老女の地位が高い。カラーテレビを備えた二〇畳間以上の広い部屋に三〇人近い子どもや若者が集まった。私はその頃まだカラーテレビを持っていなかった。年かさの青年の提案で日本の歌とジプシー語、つまりロマ語（一種のサンスクリット）のジプシーの歌を交互に歌うことになる。私は「荒城の月」「赤とんぼ」「五木の子守歌」等を歌った。歌うとき大きく頭を振る僕の癖を子どもたちがけたけた笑うと、青年たちは「失礼だぞ、やめろ」とたしなめた。彼らの歌は活気にあふれ、リズムは非常に自由で奔放である。最後に今ドイツで人気のあるロシア民謡「カチューシャ」をこれまたその青年の提案で歌った。会話用語はドイツ語である。

彼らは酒も入らないのに、ドイツ人や日本人にみられないほど天真爛漫で愉快げである。彼らと一緒にいて私は長い間忘れていた深い解放感を味わった。文明に汚されない人間だけが持つ尊い何かがここにある。私はふと立ち上がり、眼鏡、ネクタイ、上衣を取り、かつて習い覚えたチンパンジー踊りを披露した。満場はドッとわき、みんな大声を出し身体全体で笑った。文明人は上品に口だけで笑うが。もう一度という声が何度もかかった。ある少年が「まだ見ていないママにも見せて」という。気がつくと二人の幼児をかかえた三十ぐらいの魅力的な女性が僕の眼前に立っている。その部屋はいつの間にか六〇人以上の人々（同地区の約半数）であふれ異臭がたちこめた。その場で七回、合計九回やった私は回を重ねる度に上手になった。ある青年は「あなたは本物より本物らしくなったよ」と言った。その後で一人の老女の家を訪ねると、彼女は二十四歳でナチスの収容所で殺された息子の古い写真を私に見せて泣いた。

あるカトリックの若夫婦の家を訪ねると、日本のキリスト教、仏教、経済などについて私に質問した。最後に訪ねた大きな家にまた十数人の子どもや若者が集まった。家の奥から流れるレコードのジプシー民謡につれて、彼らは私を歓迎すると言って集団で踊り始めた。子どもでも身のこなしが柔らかい。十五、六の娘が側に来て「遠い所から来たあなたが二度と来ないのは残念です」と愛想をいった。私は何度子どもたちの頭を優しくなで、若者たちと固い握手をしたことだろうか。帰途についたのは午後九時近く。北国の夏の空はまだ明るかった。不思議な感動が私の胸で波うっていた。ドロテアさんはその後間もなくオーストリアの深い山の中に転勤していった。二度とお会いすることはなかった。

二度目の西ドイツ滞在

時は前後するが、一九七〇年秋から約一年、再び西ドイツに。今度は妻を同伴して滞在した。妻を同伴したことで、多くのドイツ人家庭から招待された。しかも同じ家族から何度も彼らと親睦を深めることができた。これは日本にいて考えた再度のドイツ行きの目的の中にはなかった。だが素晴らしい経験であった。やはりドイツ人との交わりには、家族単位の交わりが必要である。第一回の時は単身であったから、これはできなかった。個人的な研究は進んだが、ドイツ人との深い交わりは不可能であった。今度は平均週に一度の割合で、友人や知人の家に招かれた。午後四時頃から午後十時頃までドイツ人の家庭に滞在することになるから、ドイツ語を話す時間が圧倒的に増えた。それで当然ドイツ語を聞いて話すことに慣れた。僕のドイツ語の力の弱点は、聞く能力と話す能力が足りないことだったから。日本でドイツ人から学んだだけのドイツ語の能力も、かなり増したように思う。

また忘れることができないのは、尊敬するヒッペル先生、ヒッペル先生の弟子でケルン大学のカール・ブリンクマン（Karl Brinkmann）教授や、一回目に知り合った実業家のヒエロミニ（Theo Hieromini）さん一家だけではない。近所の教会で交わりを深くした一〇人近い真摯な人たちのことである。この人たちは大体中産階級から労働者階級に属した。優しい心をもち、隣人愛を実行し、平和主義者であったことは意外だった。ドイツ人は初対面はアメリカ人のように明るくはないが、誠実な友情を僕たちに変わらずに示してくれた。一年後の帰国の時、夜十二時頃出発する僕と妻をケルン駅まで一〇人ほどの友人たちが見送ってくれた。一回目のドイツ滞在の時下宿させてもらったミュラー夫妻もその中に入っていた。

一回目のドイツ滞在の際は、大学近くに住んだので、知識階級や上流階級のドイツ人に接することが多かった。今度はたまたまライン川向こうの、東京で言えば隅田川を越えた庶民の町に住んだ。前者の支持する政党は保守党のキリスト教民主同盟が多かった。しかし第二回目の時は労働者政党の社会民主党の支持者が多かった。その頃は久しぶりに野党の社会民主党が、キリスト教民主同盟に代わって政権の座についた頃だ。頑固な反共一辺倒の雰囲気も薄れ、ブラント党首の東方との宥和政策は進んでいた。学生たちが街頭で、僕の愛読書ルカーチの『歴史と階級意識』の原書等を売っているのを見た。その時、この本の一部の「組織論」を僕が日本語に訳して出版したと自慢した。

ライン河畔を走る

十二月、ケルン大学で初めてドイツ語で講演し、その準備に追われた。それで疲れたので、毎朝、宿近くのライン河畔で八〇〇メートルから一キロぐらいのジョギングを始めた。外に誰も走っていないので目立った。珍しいことをやると、人だけでなく犬も注目する。河畔の公園を散歩する人が連れた犬が、時に走る僕に吠えた。ある日曜の早朝、僕は走り終えて疲れて河畔のベンチで横になって休んでいると、ジープに乗った二人の警官が僕を訊問した。ジョギングは当時のドイツでもどこでもする人がいない。そこで僕を犯罪を犯して逃走中の東洋人労働者と睨んだようだ。身分証明書も持っていなかったので、警官の嫌疑を解くのに時間がかかった。「近くにある僕の下宿まで来てください。身分証明書をお目にかけます。僕は日本の教授で先日ケルン大学で講演しました。これから他の大学や学会で講演します」と言ったら僕を釈放した。僕は生来服装に無頓着だ。出発前、一人の卒業生にドイツ人は服装にうるさいから、先生は特に服装に注意しなさいと言われた。

僕が下宿した家の近くに戦災から焼け残った古い建物がある。それだけ修復されていないので目立つ。これはナポレオンが一八一二年ロシア遠征に敗れて帰国する途中二泊した家だ。この辺の住宅ビルの地下室には高さ一メートル、直径五〇センチほどのアルミニウムか何かで出来たゴミ容器が、いくつも置いてある。毎週月曜日の朝、労働者たちはゴミで一杯になった容器を地下室から運び出しておく。それを別の労働者がトラックに積んでゴミ焼却場に運ぶ。労働者たちは外国人だが、中東系か東洋系に近くて背もそれほど高くないし、髪の毛も顔色も白人らしくない。

僕は三月中旬の月曜日の朝、いつもより遅れて、この労働者たちが働き始める九時すぎに走り出した。例のナポレオンの建物の二、三軒手前で第一のストップをして、ゆっくり歩き始めた。たまたまそこの家から中年の主婦が台所のゴミを入れた二つのビニール袋を持って出てきた。たまたま通りかかった僕に聞いた。

「あの、少しばかりのゴミなんですけど、これを容器に入れてもいいかしら」

そこにはいくつかの容器が並んでいた。彼女は僕をゴミ集めだと思った。そしてドイツ人らしく念を押した。僕は愛想よく言った。

「いいですとも、いいですとも、かまいませんよ。早くお入れください」

彼女はありがとうと言い、僕はすぐ走り出した。この話を僕は知人のドイツ人に話した。そのとたん彼は腹をかかえて笑った。ドイツ人は肥っているから、笑うと腹をかかえることになる。彼は言った。

「この話、痛快ですよ。日本に帰るときのいい土産話になる」

僕は帰国してからこの話を教室で学生に話した。だが学生はあまり笑わなかった。先生、ゴミ集めの労働者と見間違えられて気の毒だと思ったのかも知れない。

再びヒッペル先生のこと

一九七〇年秋から一年間の僕の二度目のドイツ行きは前にも言ったように、妻と一緒だったが、この旅は僕の自費によるものだった。ヒッペル先生は大学を引退し、ライン河畔のローレライの岩に近い山荘に夫人と住んでいた。この一年間に先生は三度、自宅に僕たちを呼んでくださった。一度目は珍しく晴れた十月初めの午前である。ライン河畔の小駅オーバーベーゼル駅で迎えられたのは先生ご夫妻である。奥様には初めてお目にかかった。小柄で細身で何よりも気品がある。先生が運転する車で駅から約四キロ離れた標高約四〇〇メートルの丘陵上の盆地に着く。そこに一〇〇戸足らずのペンシャイド村がひっそりと息づいている。広大な敷地の中の先生の家は盆地の西南にある。西に進むと鹿がときたま姿を見せる深い谷間に下る。南を臨むと、積み重なる谷や森を越えて、タウヌスの山並みが霞んでいる。

昼食前、僕は先生の勧めで先生と庭を散歩した。そこには紫色の甘酸っぱいプラムが実を沢山つけていた。それを物欲しげに眺めた僕に気付いた先生は、三、四個、枝からもいでくださった。僕はそれらをすぐ頬張った。先生はプラムが僕の好物であることを知って話をやめ、プラムもぎに一生懸命になられた。僕は食べることに一生懸命になった。プラムに満足した僕は、枯草の上で逆立ちをした。大好物だが買うと高いプラムを思う存分食べて嬉しかったから。先生は驚いて「私には逆立ちはできん」と言われた。納屋には泥の長靴や簡単な農機具がある。これでご夫妻は農事をなさる。奥様の手は労働で荒れている。お二人の生活は質素そのものであった。

二回目のお招きは、その年のクリスマスの翌日、氷点下五度の寒い日だった。たまたまいた二人の親戚の人々を合わせて六人が愉快な半日を過ごした。僕は僕のクリスマス・プレゼントだと言って、次のことを実演入りで話した。

「僕は六年前、アントワープ動物園にいる一匹のチンパンジーの檻の前で、上衣を脱ぎ眼鏡とネクタイを外し、少ない髪を乱して彼（か彼女か不明）の真似をした。その日は雨で見物客は二人の友人の外はいなかった。彼は初めは怪訝そうに僕を見ていたが、そのうちに檻の中の藁をつかんで僕に投げ始めた。僕を仲間と感じだしたからだろう。僕は彼の動作にひどく驚いたジェスチャーをした。すると彼はそれを面白がって繰り返す。十五、六回互いにそれをしているうちに、僕はヘトヘトに疲れたし、腹も減ってきた。そこで元の人の姿に戻って、手を振ってサヨナラを言って別れた。彼は寂しそうだった。僕も寂しかった」

謹厳に見えるヒッペル先生は、文字通り腹をかかえて笑われた。「私も君のようにやりたいが、こう毛がなくては」と頭をなでられた。先生は僕に聞かれた。

「君はチンパンジー君と別れるとき握手をしたかね」

僕は答えた。

「檻のガラスが邪魔になって握手できませんでした」

お別れの時、先生は言われた。

「今は君と私の間には檻がないから握手ができるよ」

三回目は帰国寸前の夏の暑い日である。先生も奥様も僕たち夫婦も美味しい昼食後、昼寝を楽しんだ。先生ご夫妻と僕たち夫婦も別れを惜しんだが、これが最後のお別れになった。その明るい先生が僕の前で悲しい顔を二度された。一度目は先生が第一次世界大戦で兵士として戦ったときの写真を持ち出してこられたさい、僕の兄の一人がフィリピンで戦死したと言ったときだ。先生の眼は深い慈悲心をたたえて僕を見、僕はハッと驚いた。もう一度は先生が先生の著書『一般国家学』の翻訳を僕に依頼されて、僕は時間がないという理由で断ったときだ。僕はその当時は多忙すぎたと考えていた。しかしお引き受けするためにもっと努力すべきだったと、今は心から後悔している。僕の最大の失敗の一つがこれだ！　僕は何と無慈悲な男なんだろう。

宗教法人審議会委員のこと

帰国した後、非常勤の役人をした。一九七五年、文部省文化庁の宗教法人審議会の一五人の委員の一人となる。委員のうち、一二人は各宗教界の方々で、残る三人はいわゆる学識経験者である。僕は後者の一人である。これは二〇万に近い宗教法人――寺院、教会などの――を公的に認証すること等について、調査・審議し又建議する政府の機関である。各都道府県にもこれらの仕事をする行政機関がある。四期八年の任期を務め、最後の二年は主査。問題が起こるたびに開かれるが、夏の八月に審議会に呼び出されることが多かった。この仕事は無報酬だったが、僕の研究テーマの「国家と宗教」「法と宗教」にかかわるもの。いわば理論の実際的適用の仕事だった。出口勇太郎君（著名なエスペランチスト）などの優れた人を親しい友人にもつことができた。彼は敗戦前に徹底的な弾圧を受けた大本教の創始者、偉大な民衆宗教家、出口王仁三郎氏の孫として祖父と共に自ら多大の苦難をなめた人である。

第八章　フィリピンでの仕事

フィリピンでの一回目の講義――アテネオ・デ・マニラ大学

一九八〇年一月から三月末まで、フィリピンの首都マニラにあるアテネオ・デ・マニラ大学で講義をした。当地としては過ごしやすい時期である。日没後、僕はいつも大学キャンパス内にある宿舎イリアス・ホール脇の椰子の下で、吹き上げてくる涼しい風の中に立っていた。その高い丘から眺められるケソン市の壮大な夜景は、何度見ても飽きなかった。真っ赤なブーゲンビリアの咲く広いキャンパスを毎朝ジョギングした。そのとき放し飼いの、とても小さな鶏たち（ひよこではない）が、僕に驚いて逃げまどった。

ここの社会は、一割の上層階級（これに少数のアメリカ人社会とスペイン人社会が結びついている）と九割の下層階級から成っている。そこには両階級の間を上がり下がりする梯子がない。それをマルコス大統領が、独裁権力と戒厳令（マーシャル・ロー）で抑えている。

僕の初めての英語による講義なので、その準備に一年以上かかった。テーマは「日本の現行憲法」「日本人の他人に対する態度」「日本の女性の地位」「日本の政党」の四つである。あとの二つは現地に来てから学生や教授から依頼されてから準備したもので、内容の不十分な講義だった。米国と同じシステムのロー・スクールがこの大学にある。僕はここで憲法九条の平和主義について話した。

この後で熱っぽい質問が、次々に出されてめんくらった。それは外国の軍隊が日本に侵入してきたとき、日本は憲法の平和主義や中立性を守れるか。日本は日米安保条約によって根本的に米国側に立っているのではないか等の質問だ。僕はソ連が侵入した時はという事態を考える前に、ソ連に侵入される原因を作らないように全力をあげること、戦争は一旦起こってからでは遅いのであり、「戦争の予防」こそ最大課題であり、そのことに向かって国民が政府や与党を励ますこと。米ソの対立の問題では、日本はそのどちらかに与するというのではなく、両者間のとりなしや調停に力を注ぐ。これが憲法の趣旨であって、二十一世紀の理想を先取りしたものであり、日米安保条約は憲法違反の疑いがある。このことを僕は三〇分もかけて下手な英語で力説した。学生が溢れる教室に米国人が途中で入ってきた。

二月十四日、バレンタイン・デーに僕はフィリピン大学（通称ＵＰ）の法学部から呼ばれて、約二十名の教授と二〇名ほどの学生の前で小スピーチをするように依頼された。司会者によると、帝国主義者でない日本人が見つかったので今日呼んだ、その人に日本問題について何か話してもらおうと言う。僕以外にも帝国主義者ではない日本人が多くいると言ったが、僕は準備なしの下手な英語で次のことを話した。日本が軍事的にアジア諸国民を侵略したことに対する国民的な贖罪の意識が、今の日本国憲法の力強い底流となっていること、この点で最近の日本政府の態度は、必ずしも憲法に沿ってはいないので残念だということを。

これに勢いを得たか、スピーチ後の教授たちの質問は、遠慮のない日本批判の調子を帯びた。日本は経済的にだけでなく再び軍事的にも南進するのではないかとか、日本人観光客の集団的買春は大変問題ではないかとか、日本の女性の地位の低さは驚くべきではないかとか。だが、この会の雰囲気は実に和気藹々で明るかった。僕は「貴国の女性——上流階級に限るとしても——の地位は何故高いのか」と質問した。その答えは、昔からの伝統的傾向が、米西戦争後、米国の政策によって促進されたというものだった。僕はバレンタイン・デーのことを、その時まで知らなかった。

戦時中の日本人の残虐行為は、当時もこの地に生々しい爪痕を残している。戦争だからやむをえないという日本人もいるが、それは間違いだ。他人の国で戦争をすることが侵略なのだ。この国の人々の心は傲慢ではなく、優しく温かい。長年この地にいる二人のヨーロッパ人も、それを認めていた。これを僕は大学のキャンパスやバスの中で又街頭で見た。これは何なのか。この素晴らしい人たちを日本人は、あのように苦しめた。彼らの生活の標語に客を親切にもてなす（ホスピタビリティ＝hospitability）というのがある。

日本人にとって大切なのは、かつての軍事侵略と今の経済侵略（と見られる行為）を反省し、彼らの優れた資質から学ぶことだ。大国であればあるほど、その国民は謙虚で学ぶ姿勢をもつべきだ。

大国はそれだけで傲慢になるのが普通だから。

フィリピンでの二回目の講義――デ・ラ・サール大学

マニラのデ・ラ・サール大学で講義したのは、一九八五年一月初めから三月末までである。アテネオ・デ・マニラ大学では宿舎と食事の提供は受けたが、それ以外の報酬は僕の希望で受けなかった。今度は日本の国際交流基金が、費用の全額を負担してくれた。今度は前回と違って、二年間の準備期間があったのは幸いである。講義のテーマは、大学の希望によって「国家と宗教を中心とする日本人の政治哲学」であった。僕は長い間「政治と宗教」「法と宗教」について研究した。その中でこの七、八年間は、日本におけるこの問題を研究した。アテネオ・デ・マニラ大学は日本の国際基督教大学と上智大学の姉妹校であり、デ・ラ・サール大学は早稲田大学の姉妹校である。僕の講義でいう哲学は、考え方という意味である。

日本人は一般にフィリピン人をあまり高く評価してこなかった。マスコミは彼らの暗黒面や犯罪について報道する傾向がある。これは彼らがよく指摘する。そこに日本人の従来の欧米崇拝、それを裏返したアジア蔑視がある。なるほど彼らの政治や経済はある程度、欧米に後れている。しかし精神的面では後れていない。特に道徳面では他人に対する優しさと思いやりがある。日本人は経済大国になってから、逆にそれを失いつつある。マニラのシン枢機卿は言った。「私たちは日本の高度のテクノロジーを学ぶべきである。しかし日本人は私たちの微笑みを学ぶべきだ」。東洋世界でも、最近は知的・科学的水準では、中国人やインド人が、日本人を質的かつ量的にも凌いでいることはよく指摘される。

僕は何年か前から毎日一万歩（約六キロ）歩いてきた。マニラでも殆ど毎日続けた。涼しい早朝に起きて歩いた。歩き終わる頃、熱い太陽がジリジリ照りつける。途中の露天のマーケットで安いマンゴー、バナナ、トマト等を買う。果物好きの僕はマンゴーとバナナが大好きで毎日これを大食する。僕が受けた報酬は高額だったから、お世話になった多くのフィリピンの人々をたびたびホテルの食事に招待した。

僕の講義は火曜と木曜の週二回である。初めて教室を訪れた僕に対する学生たちの表情は、前のアテネオ・デ・マニラ大学の学生と違って、必ずしも友好的でなかった。前大戦中の日本人の残虐な行為、今の日本の経済的進出（これを経済的侵略と考える人が多い）、日本人観光客の集団買春が学生たちを怒らせている。僕に対する学生の表情は、講義が進むにつれて友好的なものに変化した。講義が終わると大きな拍手が起こった。僕の講義に出席していた日本研究科科長のミス・チロールは言った。

「あなたは学生から気に入られた」

僕は講義の初めに学生に対して質問は紙に書いて、教室で僕に出すように頼んでおいた。口頭で質問をされても、僕の英語力ではそれに即答できないからと。一つの講義に平均四つの質問があり、曲がりなりにも答えた。これは奇跡だ。この奇跡を可能にしたのは、自分の講義と質問への回答に全エネルギーを集中することで、ふだんの能力以上の能力が出せるものだとある人が言った。学生は日本研究科、政治学科、哲学科の学生。一クラスの聴講学生は普通二〇名だが、僕のクラスは常時四〇名である。講義の内容は①宗教を中心とする日本人の考え方の歴史、②日本人の他人に対する関心、③近年の日本での国家と宗教、④未解放部落問題、の四つだ。④はこの国では最初の講義である。④を取り上げたのは、日本の弱点を外に向かって客観的に告白するのは、その弱点をなくすために必要である。日本の長所だけをひけらかすのは、真の国際的友好には役立たない。自分や自分の国を完全と考える人や国民は衰える。僕の二四回の講義では毎回、平均二回笑い声が起こったといわれた。

哲学科科長ドクター・キトーから依頼され、科の教員に対して「日本の宗教」という講演をした。その準備期間わずか数日。同じ内容の講演を宗教学科の教員や学生に行なった。これらの講演に対して生き生きした反応があり、活発な質問がなされたが、僕の答えは英語力の不十分さも手伝って満足すべきものではなかった。

帰国直前に在マニラ日本大使館とデ・ラ・サール共催の講演会があり、僕の「宗教を中心とした日本人の政治思想」と「戦後日本の経済政策」というフィリピン大学客員教授の飯田さん（横浜国立大学）の講演があった。教授の英語力の強さと僕の英語力の弱さが、講演後の聴衆の質問への回答にはっきり現れた。三月末試験を学生にする。予め知らせた中から、次の四問を出し、そこから二問を選択させる。①親鸞の教えと道元の教えとの差、②現代日本の信教の自由と政教分離の関係、

③日本の未解放部落を解決する視点、④日本の十五年戦争は避けうるものだったか。聴講者五二名中、受験者四二名、合格者三六名、不合格者六名。六名について再試験を行ない五名合格、最終の不合格者は一名。

大学から僕への三回の歓迎会と二回の送別会をしてもらう。日本大使館から一回送別会あり。数名の学生たちから自宅での送別会。学長主催の送別会で立派な表彰の楯をいただく。これはすべての外国人客員教授が受ける。

僕の仕事は済み、疲れが一度に出る。僕は若者の如く情熱を講義に注いだ。これを可能にした要因は既に述べた。忘れられないのは学生たちの真摯な態度であり純真なキラキラした瞳だ。あの瞳は東南アジア人独得のものである。

上智大学で働いたこと

僕は「東北でも名だたる野人」（元東北大学文学部小林淳男教授で旧制二高での恩師〈英文学〉の評）と言われ、プロテスタントで護憲派の平和主義者、特に信教の自由の研究者・推進者である。上智大学は都会風大学で、日本ではカトリック教育の最高機関と目され、安保闘争については一般的に賛成側に立っていた。信教の自由については、カトリックの長い伝統に従って消極的否定的であった。その僕が三世代、即ち二九年、定年まで働いた、いや、働かせてもらった理由は次のごとし。

第一に、学生が僕を野人教師として進んで受け入れてくれたこと。第二に、四年かけて一九六五年に閉会したローマでのカトリックの第二バチカン公会議が、史上初めて信教の自由の原則を認めたこと。これがいかに僕を喜ばせ、上智大学の学問の自由を伸ばしたか。西欧社会はむろん上智大学も明るさを増し、一段と進歩を印した。第三に教職員組合がカトリック内で世界最初のものとして誕生し、学内の教職員、特に職員の生活改善が図られたこと。僕はその誕生に小さな役割を演じた。第四に学内で師友として哲学者のミュラー（Heinrich Müller）教授、ジーメス（Johannes Jiemes）教授を得た。後者の推薦によりケルン大学の碩学ヒッペル（Ernst von Hippel）教授の指導を受け、西欧の学問・文化を本格的に学ぶ機会を得たこと。僕は今も同大学に愛惜を感じている。一般にプロテスタントの目からは見えない、柔軟さと幅の広さがある。実際的な人権擁護等の活動も近年、国際的に目立っている。禅の研究では出色な業績を出した。

ドイツ・東亜ミッション研究集会の招き

一九八〇年秋、東亜ミッション研究集会の招きで、東ドイツの首都ベルリンに行く。この研究集会の歴史は古く、むろんナチスの台頭前からある。キリスト教国ドイツの東亜ミッションの東亜研究団体である。第二次大戦後、ドイツは東西に分裂し、それに伴って東亜ミッションも東西に分かれて活動した。九〇年十月、東西両ドイツは統合された。統合の原因には様々なものがある。その一つは東西両ドイツのキリスト教徒間の緊密な関係であろう。それを指摘する何人かの東西両ドイツ人に会った。僕は二度の長期滞在のほかに、数度の短期の滞在をドイツで行なったが、これらは皆西ドイツだった。東ドイツは今度が初めてである。

東ドイツの東ベルリン空港で僕は迎えられ、東ドイツの教会関係の夫妻がいろいろと世話をしてくださった。アレキサンダー広場近くのシュプレー河畔に落ち着いてから、市役所で滞在の手続きをすます。市役所に行く途中、その東独人は広場の噴水わきに立つ赤い制服の若者を指して大声で言う。

「あれがいないと天国ですよ」

僕が聞く。

「あれとは何ですか」

彼が答える。

「ロシアの兵隊ですよ」

傍らの夫人が制する。

「しっ！　聞こえたら大変だわ」

ここの人たちはソ連邦による今の支配を何より嫌っている。意外だったのは、東独人が研究会で知り合った人もバスの中や街頭でたまたま会った人も親切だったこと。役人はコチコチの官僚だという予想も外れた。近年は西ドイツ人の方に傲慢さが目立つのではないか。三人の東独人にそれを言うと、異口同音に言う。

「西ドイツの人は経済大国の人だから思い上がっています」

僕は言った。

「日本も経済大国になって、日本人も思い上がっています。それで東アジアでは評判が良くないんです。それに東アジア諸国に対する戦時中の行為の謝罪も、ドイツ人ほど立派にやっていないんです」

東独は農民や中小企業に気をつかっているし、衣食住の最低限を保障している。当然だが言論の自由を始めとする諸自由はない。だがソ連の大国主義的支配をひどく嫌っている。民衆のおとなしさは、権力的統制の締め付けの結果とも見える。

この研究集会に僕は「日本における国家と宗教、法と宗教」の講演をするために招かれた。西ドイツでと同じように、公演後の質問にドイツ語で即答するのに苦心した。いつまで経ってもこれはむずかしい。日本語で講演した後で、日本語で質問に答えるのも大変である。社会科学や文化科学の方がむずかしいと人は言ったが。

二度の講演で質問はたくさんあった。めぼしいものは次のものだ。

「日本の天皇は常に神だったか」

「日本の天皇はイギリスの皇室とどう違うのか」

「あなたが述べた『信教の自由』の中の『市民的信教』とは何を意味するのか」

第一の質問に対する僕の答えの要点は、天皇は歴史上必ずしも神ではなかった。厳格な意味の天皇の神は十九世紀末の明治維新以後だと答えた。

第二の質問については、日本の天皇は一般的傾向として未だ国民から超然としている。つまり、above the nation の存在だ。イギリスの皇帝は国民の中にまじっていて、among the nation の存在だと答えた。

第三の質問は市民的信教の自由についてだが、これは個人や教会員の立場から、信教の自由を求めるのでなく、主権をもつ市民として国家に要求したり反対したりする自由だと答えた。以上。実際は実例をあげたのでこの数倍は話していた。

研究集会の参加者は約八〇名。その中、三分の一が西独の人、三分の二が東独の人で、オランダからの参加者が何名かあった。講演者は僕の外に東独フンボルト大学教授、東独プロテスタント最高責任者、東独政府の宗教問題責任者であった。教授の講演は、キリスト教とマルキシズムとの歩み寄りに関する、詳しい大胆な理論的発言であった。プロテスタント責任者の講演は、特殊な状況の中での、プロテスタントの困難な曲折に富む過程の説明であった。

政府の官吏の講演は、政治と宗教の分離に関するものであった。僕は講演後、彼に質問した。

「政教分離には友好的分離と非友好的分離があると考えるが、貴国の分離はそのどれを目指しているか」

彼は答えた。

「出来る限り友好的分離にするように努めている」

僕の質問が終わると、会場にどよめきと強い拍手が起こった。拍手は聴衆が足で床を蹴り拳で机を叩くことをともなう。後で参加者の夕食会で、東独の人に僕の質問は行きすぎた質問ではなかったかと言うと、彼は言った。

「われわれのために出してくれた質問だ。とても有り難かった。だから拍手をした」

研究集会の理事長から東ベルリン国立オペラ劇場から招待された。出し物がモーツァルトの「魔笛」。前のケルンのオペラ劇場で見た「魔笛」より数段良かった。最高のオペラだった。さすが東ベルリン国立オペラである。周囲の観客も印象的だった。地方からの人々らしく素朴で明るく、周囲の人々に微笑みかけた。僕は嬉しかった。これはウィーンでもケルンでも見られないものであった。

その後、一九八五年にも八七年にも、東西ドイツ統一直後の九一年にも、僕はこの有り難い研究集会に招かれた。そして「日本社会と宗教」「天皇制と国民主権」「日本の諸宗教」等について演説する機会を与えられた。詳しいことは省く。なおキリスト教徒は国民として特に厚遇されてもいないが、一般に弾圧されてもいない。それだけにこの地のキリスト教徒は生き生きとしているように見える。権力に甘やかされる宗教は駄目になる。それは日本の例が示している。十六世紀の宗教改革者ルターが、その時も東ドイツで公的に尊重されているのには驚いた。

第九章　その後のさまざまな生活

『夜寒』の翻訳――プラハの春の悲劇

話は以前に戻る。一九六八年八月、ソ連を指導者とするワルシャワ条約機構加盟五カ国、即ちソ連、ブルガリア、ハンガリー、東ドイツ、ポーランドの軍隊がチェッコスロバキア（以下チェコ）に侵入して全土を占領した。それは一九六〇年代に入って急速に進んでいたチェコの自由化、民主化、つまり明るい「プラハの春」を抑えるためである。二十世紀後半の国際政治の最大事件の一つだ。チェコ国民はドゥブチェクを最高指導者として、団結してこの侵入に反対した。ズテネク・ムリナーシ（Zdeněk Mlynář）は指導者の一人として、この事件に巻き込まれる。彼はこの事件に内側から取り組み、生々しくそれを『夜寒』という題で書いた。僕は一九八〇年、友人の新地書房の大濱亮一さんから、この翻訳を頼まれた。直接の原書はドイツ語である。忙しかった僕は、旧制二高以来の親友・三浦健次君にその翻訳を頼んだ。彼はこの事件に関心をもっていたことを知っていたから。監訳者を引き受けさせられた僕は、出来上がった彼の訳に手を入れた。監訳者となると、僕はとことん手を入れるので訳者に嫌われる。八〇年秋『夜寒――プラハの春の悲劇――』が出版された。訳者は言った。

「君、よく手を入れて直してくれた。有り難う」

僕は彼の寛大な態度に深く感動した。こんなに手を入れられたならば――僕の今までの経験では――誰でも不愉快になった。僕自身立場が変わって、そのような立場におかれた場合、どこまで冷静でおられるか自信はない。ただそういう機会にまだ会っていないにすぎない。

再度のデ・ラ・サール大学での講義

一九八五年一月からの三カ月間のラ・サール大学での講義。そのテーマは大学側の要望に添って次のものとなった。「国家と宗教を中心とする日本人の見方の歴史」。相沢の講義と講演はいつも宗教に関するものだと言われるだろう。大体その通りである。だが宗教の伝道や布教は、まったく僕とは縁がない。いや興味がない。それは宗教の学問的研究とは直接に関係がないから。宗教と他の文化諸領域というと固い言い方だが――宗教と政治、宗教と法との関係がどうなっているかの研究なのである。関係の研究である。だから政治や法の問題なのである。これは大切なのに、以前はそれほど研究されてこなかったということで止めよう。

前に述べたように、マニラでのこの講義に際してはもちろん、学生の質問に答える時も、かなり閉口した。それはやはり僕の英語能力の不足の問題である。ドイツ語のほうはそれほどでないにしても、英語がダメである。ドイツ語にかけたほど、英語の習得に時間と修練をかけなかった。特に僕の場合は英語を話す国に少なくとも一年以上、いるべきなのにいなかったという事情がある。言葉の習得は、これを日常的に話す地方に長く住むにかぎる。

ラ・サール大学の日本研究科科長はミス・チロール教授であった。ある雑談の中で僕はたまたま係わってきた靖国神社国営化反対運動と被爆者救援運動にふれた。思いのほか教授は、それに心を動かされたようである。教授は日本大使館とラ・サール大学共催の公開講演会で、わざわざこのことを紹介した。率直に言って僕は嬉しかった。日本では自分のやっていることを、自分が公に話すことを恥ずかしいと考える傾向がある。心の内では誰か他人に紹介してもらいたいと願っている。それに外国人はそういうこと、即ち反権力的と思える活動をすることを高く評価する傾向がある。日本でも被爆者救済の仕事は今では一般に受け入れられるようになった。だが初期の頃は冷淡に扱われ、警察を始めとして一般の人は冷たい眼でこれを見ていた。

なお僕のラ・サール大学での講義の内容は、一九八八年大学側の要望によって公刊された。書名は『日本人の見方』（Viewpoints of the Japanese）である。アメリカにも何冊か送るということであった。およそ一〇〇頁の小さい版である。やはりＩＣＵ（国際基督教大学）のマシー（Massy）先生の助けがなければ、こういう英文の本は出すことができなかった。

学際的研究書の出版

一九八六年七月、上智大学を退職して間もなく一冊の本を出した。書名は『法律学と政治学――学際的研究の一序説』である。「上智大学法学叢書」の一つとして有斐閣から出してもらった。この叢書は、高名な憲法学者である佐藤功上智大学名誉教授の肝いりで出来たものである。学際的（interdisciplinary）という言葉は、近年よく使われる。この言葉の意味は、必ずしも明らかではない。ただ学際的研究ということは、いくつかの学問の分野にまたがる研究という意味で用いられているようだ。だからある研究が学際的に行なわれるということは、その研究がいくつかの学問間の協力によって行なわれるということである。だがそうした学問間の協力が行なわれるためには、まずそれらの学問間の関係が明らかにされる必要がある。それが明らかにされないと、協力が効果をあげることができない。今はそれが明らかにされずに学際的といわれているようだ。

本書は諸学問間の、僕の場合は憲法学と政治学との関係――しかも相互的な関係――の問題を明らかにすることを目指している。いわゆる学際的研究を直接の目標とはしていない。しかし学問間の相互関係を明らかにすることは、学際研究に必要な前提である。だから本書は学際的研究の一序説にすぎない。

本書は学際的研究の必要性についての基礎的研究であり、又その実際的適用の例としての憲法学と政治学との関係に関する基礎的研究だといえるだろう。川島武宜東大名誉教授から本書についての私信を頂いた。それには本書を読んで、学問上の同志を得たと共に、本書は日本の法律学の世界に長く残るものだという、過ぎた誉め言葉があった。

ロマ（ジプシー）研究のまとめ

一九八九年、『ジプシー――受難漂泊の自然児――』を新地書房から出版した。これは直接に大濱亮一さんの依頼による。しかしそれは僕にとって嬉しいことだった。僕は二十数年に及ぶロマ研究に数年中に、いちおうけりをつける希望をもっていたから。そのために準備もしていた。なにしろ前著の新書版は――新書版である以上やむを得なかったにしても――予定していた執筆の頁数を減らされた。そのうえに内容的にロマ問題の入門書として終わった。これは僕の研究不足にもよるものである。そこで僕はもっとしっかりした――といっても能力からいって限界はあるが――ロマ研究の本を書くつもりで準備してきた。ロマに心酔してしまって、客観的に冷静にロマを見る眼に曇りが生じる恐れもあった。

今度の本を「朝日新聞」の読書欄で取り上げてくれた。「文明の見なおしを迫るすぐれた書物」という言葉でである。僕は率直に言って嬉しくてたまらなかった。ロマ研究が欧米に比べて遅れてはいるが、それを少し押し進めたかもしれない。「文明の見なおし」を迫るという特に強い意図をもって書いたわけではない。僕は近代文明の批判を一応意図してはいるが、この批判は十分成功しているとは考えられない。そこで「優れた書物」という評価は過分なものだ。僕は一方で近代文明の今日的意義をまだ認めながら、他方でそれの行き過ぎに批判的である。

ロマ（ジプシー）に関するもう一つの仕事が僕に持ち込まれた。それは大型の『世界のジプシー』（Tomašević, N. B. & Djurić R., *Gypsies of the World*, 1989, London.）の監修の仕事である。例によって英文をすべて読んで、僕なりに読んだ後、「監修者あとがき」を書いた。英文の和訳は優れていて、僕はこれほどの訳はできないだろう。写真はきわめて美しく卓越しているばかりでなく、写真に附属する説明は、学問的に高い水準をもっている名著であることを知る。僕にとっては僕の二つの著書の場合と違って、より少ない労力と時間を使って、本書の監修という仕事に関与させてもらったことに感謝している。ヨーロッパでベストセラーになった。日本では一九九三年に出版された。

科学の基礎研究と手っ取り早さ

僕は第二のロマの本を出す仕事の最中に、元々僕の研究者としての長い生活の中で自然に浮かんでいた一小論を、「朝日新聞」（一九八七年十一月十八日）の論壇に投稿させてもらった。自然科学者からよく論じられる問題に、全く社会科学者の立場から捉えたもの。正直に言って、各方面、若い研究者、特に助手や大学院生等から嬉しい反応があった。

当時の竹下登首相は、僕の論説の出た約一週間後の施政方針演説で、次の僕の論説の一部を引用したと思う。

科学の基礎研究を重視せよ――手っ取り早さは独創性を育てない――

本当の意味での新しい研究を始めると、大抵のばあい抵抗にあう。この抵抗には悪意のものだけでなく、善意のものもある。そこで、この研究の続行は不必要な苦しみを伴う。よほど個性と意志が強くなくては、途中で挫折する。また、学会の通説に疑いをもつと白い目で見られる。科学は、疑いをもつことで成立したはずなのにである。ここでいう科学は、社会科学や人文科学を含む。新研究や通説への疑惑は、理論の形式上の洗練や理論の蓄積をもたないうえに、権威に立ち向かうので、か弱い。

日本の科学研究は、そうした障害と暗さに取りつかれている。また、日本人は一定の集団の中に安住し、その集団を頼りにしている。それに、日本人は現実を否定するよりも肯定する。現実は正しいから容認しよう、というのである。これは権力者から素直さと従順さとしてたたえられもするが、現実を科学的に掘り下げない態度を生む。研究者は一般に、理論的にとことんつきつめようという姿勢をもたない。これは、欧米と比べると明白である。

文学や芸術の分野でかなりの独創性を発揮した日本人が、科学の面ではそうでないこととの関連がここにある。

右の傾向は、物事を表面的にとらえさせる原因になる。そうなると、物事を総合的に考えることはもちろん、相互関係のなかで考えることは困難になる。近視眼的な利害関係を重んじがちになる。国益についても、すぐ目に見える効果のみに注目して、長期的展望のうえに立つ国の利益には思いいたらない。政治家や研究者を含めて、現在を中心として数年間のことしか頭にないし、遠い過去は無視する。だから、公害や地価暴騰を予見して事前に対処することができなかった。

そうした性向は、研究者をして応用研究を重視させることになる。すぐに役立つ応用こそ大切だ、とみなすからである。基礎研究は緊急な場合は不必要だし、かりに必要だとしても欧米に一、二年留学して成果を持ち帰れば十分だ、ぐらいに考える。ここに重大な誤解がある。基礎研究こそ、科学の創造にとって不可欠だからだ。家の建築についていえば、基礎研究は土台の工事に当たる。家の土台は家そのものではないが、家は確固たる土台がなければいつかは崩壊する。

基礎の弱い研究は、当初は間に合うように見えても、ついには行き詰まり、競争で敗れる。その時期はきている。科学もまた、世界的な自由競争のなかにあるからだ。既存の科学は後からくる科学に追い越されて力を失い、肝心な応用さえもうまくゆかない。つまり、基礎のない研究は応用上の成果さえあげることができない。真の応用上の成果があがるのは、基礎研究の充実からである。

化学の基礎研究でノーベル賞を受けた福井謙一氏は当時、「基礎的な研究がいかに大切かを痛感した。今こそ力を入れないと、十年、十五年後に問題が出てくる」と述べている。ソ連では、多くの物理学者が一九三〇年代から直接の応用的効果はねらわずに、基礎研究に打ちこんだ。その結果、核物理学や宇宙飛行の分野での優秀な応用的成果が生まれた。

この道理は、自然科学だけに通用するわけではない。ドイツの著名な法学者が私に言った。「日本人留学生は、一般的にだが、応用的現実的課題には関心をもつが、基礎的理論的課題には無関心である」と。

日本では教育が盛んであるわりには、独創的研究が生まれない。これは、基礎研究を非現実的として軽視する空気が、研究者や教育界や一般社会に強すぎるからに違いない。

同志と一緒の平和運動

前にもふれた平和の問題にまた戻る。戦後僕は同志の人々とともに平和運動にかかわり始めた。それは敗戦前からの僕の心奥からの念願を実現するものだった。また敗戦前の絶望的状況のなかで、初めて目覚めた人間尊厳の思想を具体的にするものでもあった。僕は帰国後、僕なりに毎日の暮らしや学校の講義や講演を通して、平和のために力を尽くしてきた。再三周囲から勧められた政治家への道を歩くのを拒んだ大きな理由は、政治家として権力と金にまみれることを恐れた卑怯さからだった。敗戦直後に生まれた今の日本国憲法は、細かい点に問題があっても、この平和志向は、根本的には人類歴史の正しい方向に合っているが故に、これを死守するために努力することの意味を痛感した。この方法は出来る限り多方面にわたった。

だが市民運動としての平和運動に直接たずさわるようになったのは、ずっと遅れた。それは一九五七年、僕が福島から上京してからだ。敬愛する堀豊彦東大教授を中心とする、飯島宗享兄、住谷

研究者仲間との会食

一彦兄、増沢喜千郎兄等の畏友と知り合いになってからである。つまり、この人たちと広島・長崎での被爆者を慰め励ます運動に加わってからである。一年二回の街頭での被爆者のための募金を中心とすることが、その具体的な仕事である。この仕事は、戦後成立した「キリスト者平和の会」の終わりの頃の小さな一翼をになっていた。僕の主な関心は東中野教会に一つの拠点をもち、何人かの同志と共にこの仕事を続けることだった。

東中野教会の中に亡妻の相沢晃子及び長松和子、林俊子さん等と社会委員会を作り、被爆者救援の手伝いをした。教会ではこの運動は増沢喜千郎兄等の力で大きくなった。僕が生活の糧を得ていた大学で僕が担当する演習の学生数名を、街頭募金のたびに動員した。これは反対の立場に立つものから見れば、教師の権限乱用と見られたかもしれない。だから僕は街頭に来た彼らに卒業したら街頭募金の手伝いはしないように言った。彼らは彼らで街頭に来るたびに、「感動的な体験をしました」と言って帰った。

リーダーの堀豊彦先生や飯島宗享兄が病気で亡くなった。教会の長松和子氏や長年のパートナーの妻も病没した。一九九三年暮れ、僕は妻を失って精神的にまったく落ち込んだ。妻と話し合っていたことだが、被爆者援護法が国会で成立した後は、一応募金の現場から退くようになった。これは一部の人からは正しくない判断と見られたかもしれない。

「キリスト者平和の会」とは別に、僕は何人かの同志と共に、「靖国神社国営化法案」（以下「靖国法案」）の成立に反対し続けてきたことは、前にも述べた通りである。これは僕にとって理論の実践――理論と実践との統一――という問題に係わった。僕の永年の課題である政治と宗教の分離、つまり政教分離の問題でもあった。マスコミは、この問題で僕たちに広く活動の場を与えてくれた。もともと保守的な日本仏教会が「靖国法案」反対陣営に加わったほど反対の大波は拡がった。それで法案は国会で三度廃案になり、その生命を終えた。自由は与えられるものではなく、戦い取るものだという欧米で確立された真理は日本でも証明された例になった。だが中曽根康弘元首相を中心とした、首相等の靖国神社公式参拝による、靖国神社に特権を与える動きが、前記の靖国法案成立の動きに代わって始まった。これは国の内外に大きな論議の波紋を投げた。国内でも多くの人々がこれに反対した。外では特に中国や韓国が公式に日本軍国主義台頭の兆しであると非難した。これが日本のその動きの展開を牽制している。例えばフィリッピンの国民は内心は反対しているが、公式には非難を控えている。日本の経済援助を考えて政府が遠慮しているようにも見える。

統一後の新生ドイツ——列車内でのドイツ人との対話

一九八九年、ベルリンの壁は崩れた。これがきっかけとなって東西両ドイツは一つのドイツとなった。これは東ドイツが、西ドイツに呑み込まれる形で統一されたといってよい。九一年ソ連邦は崩れた。この年の秋九月、僕はベルリンの東亜ミッション研究会に出席した。そして例のような講演をした。この歴史ある研究会も、東西の統一を反映していた。種々の複雑な問題が起こり、研究会も様変わりしつつあった。その後も僕は誘いをうけた。しかしこの旅が僕の最後の講演の旅となった。身体の衰えが見える妻と一緒の観光をめざし、外国旅行をするようになった。アイルランド、ユーゴースラビア、ハンガリー、トルコ、ギリシア、南中国、カナダ南部などへの多彩な旅であった。妻も僕も楽しい日々をこれらの旅で送った。

ドイツ最後の一人旅の帰り道のことだ。仕事を終えて十月始めの小雨の降る朝。僕はドイツの新首都に予定されているベルリンのヴィルヘルムシュトラーセ駅から、急行列車で旧西ドイツの保養地フルダに向かった。ここで二、三日、疲れた心身を休ませたい。車内は旧西側に働きに行く人でいっぱいだ。彼らは朝からビールを飲み、大声で話し車内を歩き回る。非白人は僕一人。僕を見る眼が明らかに険しい。東洋人が仕事を探しに来て、俺たちの仕事を奪う、と考えているようだ。まもなくポツダム宣言で名高いポツダム駅から、服装の目立ってよい威厳のある老人が乗ってきた。僕に切符を見せ「ここは私の席だ。退いてくれ」と言う。いかにも高飛車で横柄だ。僕はムッとしたが、切符を見ると僕の席は彼の隣の席なのに、彼の席に腰を下ろしていた。「慣れていないので失礼しました」と詫びる。ウッカリ者の僕だ。近年は飛行機に乗ることが多く、列車の旅には慣れていない。彼は僕を職探しの東洋人と見たらしい。三年前のドイツ人は西でも東でももっと優しかった。彼の機嫌はなかなか直らない。マグデブルグを過ぎる頃、僕の方から話しかける。彼はこれまでの不機嫌な態度を止める。

次は二人の対話そのままである。

「この辺の東西を分けた壁の跡は、窓からは見えませんか」

「一キロは離れているから見えませんよ。ところであなたはどこから来たのですか」

「日本からです」

「働きに来たのですか」

「広い意味での働きに来ました」

「どんな働きですか」

「講演という働きです」

「どこで講演をしたのですか」

「ベルリンです」

「どんな講演ですか」

「『最近の日本の諸教会（日本では宗教という）と国家』という講演です」

「あなたはその専門家ですか」

「まあそうです」

「このテーマは面白い。だいいち大切な問題ですよ」

ここで多少気を許した僕は質問した。

「あなたはキリスト教徒ですか」

「いや違います。無宗教です」

「ではマルクス主義者ですか」

「いやマルクス主義者でもありません」

「ドイツ人でキリスト教徒でもなくマルクス主義者でもないというと……」

僕はたたみかけるように聞く。

「ただ無宗教なだけですよ」

こういう人は旧東ドイツではよくいたであろう。そこは無神論の国だった。キリスト教徒の立場は一般に冷遇されたように思う。彼は突然古いオーストリア国の話を始めた。いかにも懐かしそうだった。今思うと彼はこの国の貴族か高級役人の子孫かもしれない。これは二〇世紀初めに滅んだ古い大帝国オーストリア・ハンガリーである。

「それはいい国でした」

「この帝国は民族問題でゆれていましたね。根本的にはそれで滅んだんでしょう」

「いや、直接には第一次大戦で滅んだのです」

「皇帝の子孫は今何をしていますか」

「一人はヨーロッパ議会（ストラスブールに本部のある国際機関）の幹部です」

「この帝国の復興運動は今ありますか」

「少しありますが、実現は夢物語ですよ」

ここで僕は話題を変えた。

「ドイツの統一はどうですか」

「大歓迎ですよ」

「日本人としてはどう考えますか」

「嬉しいことです。ドイツも世界も平和で自由になりますから。今のドイツの経済的困難は予想されたことです。大事業には困難はつきものです」

「その通りです」

彼は上機嫌である。

「あなたは高級官吏だったようですが」

「そうなんです」

という彼の声は押し殺した、あたりをはばかる声である。周囲の乗客たちは二人の会話に耳を傾けているのがよく分かった。それまでの乗客たちの酔いは消え、大声で言う言葉も聞こえない。僕はよけいな質問をして、この人を苦しめたかなとハッとする。

列車は目的地フルダに近づく。雨はとうに上がって、曇り空はいつの間にか青空になっていた。会話は四時間近く続いた。僕は下車するためオーバーを着ようとすると、彼は初めの態度とうって変わって、それを手伝ってくれた。

第一〇章　僕の趣味と南原繁先生

低山登りとジョギング

田舎育ちと性格のためか、僕は勝負事も気の利いたスポーツもやらない。趣味とは違うが自転車に乗れないし、自動車ももっていないし、運転もできない。子どもの頃、兄の自転車に乗せられて大怪我をしてから、父が自転車を禁じた。マイカーは炭酸ガスを出して環境破壊に手を貸すことを考えて乗らない。タクシーは別。子供時代から大の読書好きだが、読書は趣味には当たるまい。

僕の趣味は、四十代から始まって八十代に入ってやめた山登りだ。東京近辺の山だから日帰りか一泊登山がほとんどだ。三千メートル級の山は富士山と北アルプスだけ。山に登ると一週間は心も身体も爽快だ、という高校同級の高木健次郎君の言葉に従った。山登りをやめた時の年齢とほぼ同じ七九回登った勘定だ。高木君の言ったとおりだ。低い山でも頂上までの登りのきつさ、それを乗り越えて頂上に立ったときの楽しさは、何にも変えがたい。ドイツのライン河畔で始めた、毎朝三〇分ぐらい一キロから二キロ走るジョギングも趣味に数えたい。座禅をしたことはないが、これは走る禅だとも思う。行った国のどこでも走った。ドイツでは警官に二度尋問され、犬に何度も吠え回されたほかは、困ったことはなかった。いや一度ある。ワシントンのホテルの近くでだが、夜十時過ぎ走って黒人街に走り込み、二人の大きな黒人に追いかけられた。パスポートと室の鍵と五ドルを持っていたから、必死になって逃げた。日頃の走りがなかったら掴まってそれらを奪われたかもしれない。ニューヨークのブロードウェーの横のレキシントン通りを、正午過ぎ走っていた時は愉快だった。鉢巻姿と薄汚いパンツでジョギングする僕を、街頭のレストランにいるアメリカ人が、さかんに声をかけ応援してくれた。「もっと早く走れ！」「空港に遅れるぞ！」とか言って。

詩の朗読

僕の趣味らしい趣味は、やはり少年時代からの歌を歌うことである。青年時代以後は詩の朗唱であり、これは歌を歌うともに今も続けている。二日に一度は、いや毎日やっているといってもよい。少年時代は叙情的な島崎藤村や快調な北原白秋や荘厳な土井晩翠の詩であった。青年時代からドイツのゲーテの詩、シラーの詩の朗読に変わった。現在、僕は家近くの、井の頭公園のひときわ高い松の木の下に二日に一度は行く。そこで朗唱する。人がいない時か通らない時、大声でやる。ゲーテの自然と愛を歌った「五月の歌」そして劇的な長詩「魔王」を朗唱する。自己流の原語の朗唱である。ドイツ人が学校で習うのと違って、自己流である。ドイツ滞在中、殊に二度目の長期滞在中は六、七回リクエストされて朗唱した。

一九八七年、東京での「ゲーテの詩の朗唱会」に出て、運よく審査員賞を頂いた。審査員長に「最初せきこんでいましたね。どこで練習しましたか」と聞かれ「井の頭公園の人のこない森でやりました。鳥が逃げていきました」と答えた。初めての公式の場での朗読なので、実力よりよく見せようと思ってせき込んだ。その晩、二つの民間テレビで放映された。僕はそれを友人から後で聞いた。他人を楽しませるよりも自分を楽しませるために朗唱する。事実、心も身体も気持ちよくなる。

趣味とはいえないが、前述した「チンパンジー踊り」と軍隊生活をやじった「甚だ傲慢なり」は僕のおはこである。前者は各国（東西のドイツやベルギー、ネパール）で演じて大変うけた。後者は同級会や卒業生の会などで「やれやれ」とそそのかされてやるものである。今年は健康がかなり回復したので、前者は講義の後や同級会で二、三度やった。これはかなり練習が必要なのに、その練習が不足したので、良い出来ではなかった。

ゲーテの堅く真面目な詩「聖なるもの」やシラーの素朴な愛の詩「よそから来た乙女」は、何十年来、卒業生の結婚式などで朗唱した。ドイツ人もいないし、審査員もいないから安心してやれた。正直にいうと、その他、僕には様々な余興――その中には品の良くないものもある――をしてお互いに楽しむ変な趣味がある。子どもの頃から「おだち」や「おだちもっこ」と言われただけのことがある。

僕は歌が好きだ。好きな和歌や詩に勝手な旋律をつけてひとりで時々歌っている。石川啄木の

「柔らかに　柳青める　北上の
岸辺眼に見ゆ　泣けとごとくに」

にメロディーをつけた。専門の音楽家・立教女学院短大教授の佐藤泰平さんに楽譜に書いてもらった。ある二、三の人は誉めてくれた。むろん今のところ僕しかこれを歌っていない。

ゲーテと僕

ついでだが、旧制高校の時ゲーテに出合って以来、彼とのつき合いがある。ゲーテ（一七四九―一八三二）は『ファウスト』や『格言集』『エッケルマンとの対話』などを通して、いつも僕を慰め励ましてくれた。多くの人から僕は影響と感化と教示をうけて今になった。その中でゲーテは短期間でなく長期間に、部分的にでなく全般的に、うわつらだけでなく根本から僕にかかわってくれた。学問の方法の問題についても、人生観や社会観や宇宙観の問題についてもである。僕はゲーテ好きだが、ゲーテ研究者ではない。他人のゲーテ解釈にも関心がない。ロマン・ロランの言うように「人は自分に合ったゲーテの本質を自由に取ればよい」（『道づれたち』）。僕は好きな彼の言葉の一部を次にあげる。

(1)「あやまりは表面に浮いていて片付けやすい。だから真実より見つけやすい。真実は底に沈んでいるので、それを見つけるのは、誰にでもできるわけではない」

(2)「愛国的な芸術とか学問とかいうものはない。高尚で善いものがみなそうであるように、芸術や学問はみな世界全体のものだ」

(3)「敬虔（敬って態度をつつしむこと）は、純粋な心の静かさで高い教養を身につけるための方法である。そこで敬虔を目的と見る人は、たいてい偽善者となる」

(4)「どんな賢明なことでも既に考えられている。それをもう一度考えてみる必要があるだけだ」

(4)について僕なりにコメントする。ゲーテは「クセーニェン」の中で「科学とは生活の力」であると言っている。その生活は事実、変化してゆく。それは進歩するだけでなく退歩もする。二十世紀後半、文明世界を襲った環境破壊をゲーテは予想したかもしれない。十八世紀末に起こったロマン主義の主観主義的で狂熱的な逃避に、ゲーテが反対したことを思い出す。また当時の科学の抽象化と単一化に対して一辺倒と批判したゲーテを思い出す。やはりゲーテは時代を越えるものをもっている。

(5)「ねえ君、理論は灰色だよ。そして生命の樹は、緑したたる色だよ」

この有名な句についてひとこと。理論そのものは大したものじゃない。すばらしいのは生命のほうだよという意味の言葉である。これは学問を始めてからの僕の座右の銘だ。理論は理論のためにあるのではなく、現実の生活のためにあるという。だが理論といっても、実際の応用にかたよって基礎をおろそかにしてはならない。今の日本の学問の弱みは、基礎をおろそかにしてることだ。

なおゲーテの有名な詩に「旅人の夜の歌」（Wanderers Nachtlied）という短い詩がある。日本訳と原詩を次にかかげる。

すべての峯に
憩いあり
すべての梢に
そよ風の
動きもなし
森には小鳥の歌もやみぬ
待てよしかし　やがて
汝も　憩わん

Über allen Gipfeln
Ist Ruh,
In allen Wipfeln
Spürest du
Kaum einen Hauch;
Die Vöelein schweigen im Walde

Warte nur, balde
Ruhest du auch.

このドイツ語の詩を一九九九年春以来、僕は漢詩の詩吟の中に入れて——多少むりだが——誰も人のこない森の中で朗吟して楽しんでいる。

戦前の南原繁先生の思い出

恩師南原繁先生のことは、既に書いた。ここで書くことは、それと多少重なることを了承されたい。

先生が政治学説史——今の言葉では政治思想史——の開講の言葉で、「この講義には就職に関心を持つ人ではなく、真に学問的関心をもつ人が出てほしい」と言われた。僕はそれに感動を覚えた。ある日、学友と先生を研究室に訪れた僕に、先生は「君は誰を最も尊敬するか」と聞かれた。僕はすぐ「ゲーテと西郷隆盛です」と答えた。先生は「ゲーテは良い。しかし西郷を偶像崇拝してはならん。君が尊敬する西郷を世界に紹介したのは誰だ」と聞かれた。僕は知らないので黙っていると「それは今、国賊と罵られている内村鑑三先生ではないか」と言われた。椅子に腰を下ろしておられた先生は、その時、思わず片足を高くあげられた。僕は先生の気取らない率直さを感じた。

人よりずっと遅れて大学を出た僕が、幹部候補生として仙台予備士官学校に入ったのは、太平洋戦争の初めで、国がまだ戦勝に酔いしれていた頃。入校式の時、陸軍少将の校長は言われた。「来年の今頃（一九四二年四月）、諸君は皇軍の基幹（将校）として、敵都ワシントン占領という有史以来の壮挙に参加する栄誉を与えられる。諸君のうちにはこれを潔しとせぬ者があれば、正直に挙手せよ」。それに答えて挙手した者は二人。僕が二番目。後から五人がそれに加わった。

その後、僕は大好きなシラーの詩「よそから来た乙女」の最後の句「愛はこの世を天国にする」を日誌に書いた。それが直属上官に見つかり、それは敵・米英の思想だとして、僕は大勢の前で猛烈なつるしあげを食った。その後、間もなく僕はその上官を大勢の仲間のいるところで論難した。その理由は彼が校内では今後、私的制裁を禁ずるという学校長の新しい命令を破って、僕の親しい仲間を殴ったからだ。これが彼の憎しみを買った。彼は訓練中疲れきって銃に身を託した僕を、遠方から双眼鏡でみとめて呼びだした。そして「陛下から頂いた銃を杖の代わりとした罪は重大だ」と叫び、僕を蹴り細い鉄棒で殴った。僕の身体はますます弱り、僕は学校の軍医に診断を申請したが、直属上官は「お前は米英思想のせいでたるんでいる」と言い診察を許さなかった。訓練中倒れて人事不省となったのは、その約三週間後だ。一年間に近い陸軍病院入院中、当時の校則に従って僕は退校となり軍曹から四階級下がって一等兵となった。

このことが南原先生と関係がある。倒れる数日前、腹這いのまま突撃命令を待っていた時、当時の状況に全くそぐわない想念が頭に浮かんだ。それは「どんな国家権力をもってしても侵しえない人間個人の尊厳」というものだ。この言葉が、先生の論文（僕は先生が『国家学会雑誌』に書かれた三、四の論文を読んでいた）や研究室で言われたものであることに気付くまで時間がかかった。兵隊はあらゆる理性的見方を切り捨てることを客観的に要求されていたし、僕自身それに努めていたから。だがこの決定的瞬間に、この言葉が甦って僕を捉えた。先生の思考が僕の内面に入り僕を揺り動かした。

僕が陸軍病院を退院して中国の長春に渡り、傀儡政権の満州国の役人となり、経済調査と重工業行政の仕事に就いたのは、敗戦の一年半前である。僕が植民地の役人となったことを僕は反省しており、それを僕なりに償おうと努力してきた。切迫するソ連軍侵攻を前にして結婚したのは、敗戦の一カ月前だ。その時、僕と同じ東北出身の妻の父、竹内徳亥（満州国奉天省次長から満州鉱業開発株式会社理事長）が、南原先生（先生は政治学科）と大学で同期（竹内は英法科）であることを知った。僕の結婚前、二人は次の会話をした。「久君は南原先生を知ってるか。僕と同期だよ」「知ってますとも。僕が最も大きな影響を受けた最も尊敬する先生です」「そうか。彼は偉い勉強家だったよ。彼は図書館で勉強に疲れると、両足を机の上に上げ、その上に本をのせて読んだ」。帰国後僕が先生にお会いしたとき先生は言われた。「私が緑会（法学部自治会）の一高の委員で竹内君は二高の委員だったから、二人は親しい方だった」。彼は敗戦後、国府と中共の内戦にまきこまれて非業の死を遂げた。日本の植民地政策に一生を捧げて、彼としては男子の本懐だったであろう。

南原先生と僕

戦後の南原先生と僕

敗戦後、長春では初め侵攻したソ連軍の苛烈で横暴な占領があった。その後国共両軍の内戦が繰り返された。僕は一年間、露天商及び塾の教師として、恐怖と悲惨の生活を送った。これは学校では得られない教訓を僕に与えた。一九四六年の晩秋、僕は病妻を連れて帰郷した。僕は先生が日本社会で大活躍をしておられることを知った。僕のイメージにある先生は、研究室でプラトンやカントに取り組む稀な哲人であった。先生は失職した引揚者の僕のイメージから、はるかに遠い存在に思えた。

約三年後、仙台の尚絅女学院短期大学に勤めていた僕は、長い御無沙汰へのお詫びとその後の動静を先生に書き送った。早速先生から親切なお返事を頂き非常に喜んだ。先生は上京したら会いに来るようにと言ってくださったが、愚かな僕は総長ということにこだわっていた。そこで翌年、福島大学に移った僕は、総長を退かれて間もない先生をご自宅に訪ね、奥様に初めてお会いした。先生は僕を心から慰め励まされた。数年後、今の職に移る話があったとき、手紙で相談した。先生は長い巻紙に毛筆で貴重なアドバイスを書いた手紙をくださった。長兄がそれを見て、何と教え子を思う真情に充ちた手紙だ、俺の先生はこうではなかった、この手紙をくれといった。彼にあげた。上京後、時々妻と共に先生をお訪ねするのがどんなに嬉しかったことか。妻は「南原先生をお訪ねすると、久さん（好則の旧名）は三日間は機嫌が良すぎる」と言った。

一九六四年正月二日、単身でドイツ留学中の僕は、先生の著書『日本の理想』を航空便としてプレゼントしていただいた。その五日後、妻から先生の奥様がつい暮れの三十日病気で昇天されたと言ってきた。僕が驚き涙を流したのは、外国での長い暮らしで感情が高ぶっていたせいだけではない。奥様は暖かく謙虚であった。先生を笠に着て教え子に対することはなかった。

『フィヒテの政治哲学』を中心として

先生の名著の一つ『フィヒテの政治哲学』（岩波書店、一九五九年）について一言する。先生はある日、電話で『フィヒテの政治哲学』について、先生の思い出といっしょに、短い書評を書くように依頼された。その後、半年かけてこの本を読み直した。そして「南原繁著作集第二巻　月報」（一九七三年二月一八日）に書いたものが次の文である。

「今日の最重要な課題の一つは社会主義にあるが、特にそれをどんな哲学の上に基礎づけるかは未解決であるといえる。生産関係が上部構造を規定するという意味での経済中心主義が、又それのみが社会主義と結びつきうるのか否か。経済を道徳や政治と並列する自己実現の条件とみる考え方も、社会主義の基調になるのではないか。又どんなに階級の国際的連帯を強調しても言語等に現われる民族の個性を無視し、民族を媒介しないで、個人が一足飛びに社会主義の世界社会を作るのは無理ではないか。この民族は他民族支配に狂奔する生物学的民族ではなく、各民族の共存共栄を、したがって国際の連合を当然の前提とする文化的民族である。

本書はこのように現代政治の基本的諸問題をユニークで精緻な理論でもって論じ、適切な解決法を示唆している。日本では紹介されることが多く理解されることの少ないドイツの学問、特に難解なフィヒテの哲学が、初めて本格的に取り上げられ、真に理解された手本が本書である。先生がこれを古希に近い時に完成されたところに、先生の学問研究に基本的な方法の一つを与えた大哲カントの現代版を見る思いがする」

以上は前記の「月報」の記事である。

次につけ加えるのは、先生のご逝去前の僕の思い出である。『回想の南原繁』(岩波書店、一九七五年)に出た僕の「忘れがたき師と私」の中の末尾の部分である。

昨年九月半ば、僕は妻と三カ月振りに先生をお訪ねして昼食を御馳走になった。その時先生のお顔色がいつになく青白いのを見てハッとした。翌日電話でぜひ健康診断を受けられるように申し上げると、先生は「涼しくなったらそうしよう」と言われた。翌月先生は入院された。今年の春まで何度か虎の門病院や御自宅にお伺いしたが、先生は精神的に少しも衰えを見せず、祖国を憂い人々の安否を尋ねられた。昨年暮れの御自宅の焼失は、先生にどんなに大きなショックだったであろう。先生は相変わらず毅然としておられたが、次のように言われた。「晩年にこんな目にあうとは思わなかったね。ただ書きかけの『政治哲学序説』の資料の焼けたのが残念だ」この本の一部はすでに公刊されて著作集に入っている。先生は以前僕に『政治哲学序説は私の遺言だよ』と言われた。先生は最後の最後まで真理の追求に全力を傾けられた。

今月正月十九日午後妻と御自宅に先生を訪ねた。お嬢様の氷上夫人に「昨日から寒さで弱っており、どなたにも面会をお断りしています」と言われ玄関で辞した。夕方帰宅すると友人で先生の甥の星野達雄君が、電話で先生のご逝去を知らせてきた。ご逝去は僕たちの訪問の約一時間後だった。僕は泣いた。妻はショックで一時心臓が苦しいと訴えた。この二年間に僕はかけがえのない人と死別した。一人は九十四歳の母であり、もう一人は八十四歳の先生である。母の死後僕はいつか先生と死別するときの悲しみを思い続けた。これは現実となった。

先生は偉大な学究であると共に偉大な愛の人だった。だから多くの人々が先生を敬愛した。僕は先生の選ばれた弟子ではなく、多くの弟子の一人にすぎない。東北育ちで八方破れの野人そのものの僕は、以前から先生を困らせたが、先生は見捨てないでくださった。僕の人生は先生なしにはない。

第一一章　その後の僕

妻・晃子の死

妻が死んだ！　一九九三年十二月二十七日午後一時。死因は胃癌だった。発覚してから約半年間の生命。妻は医者に診せるのが嫌いだった。医者に行くたびに病気を指摘された。病気のデパートだとも言われた。おとなしく、やさしい人にしてはこの点は頑固だった。最後の胃の不調のときは自分で気がついて診てもらった。医者は妻に胃潰瘍と言い、僕には胃癌で遅くても一年、早くて半年のいのちだと言明した。かわいそうだった。身体が弱く生まれ、長い間結核を患った。最愛の父――一時的に怒るがコセコセしない――を非業の死で失った。引揚時の苦難と引揚後の僕との貧しい暮らしに耐えた。何とも明るく善意な人。彼女を知る人はみな、その善意と温かさに心を開いた。クラシック音楽好きで、僕をもクラシック音楽好きにした。元々の音楽好きが、彼女によって啓発されたとも言える。

元気な頃の晃子

「晃子は弱くて哀れな境遇の女だ。だからオレは晃子を可愛がった」と言って、彼女を怒らせ悲しませたこともある僕。そういう僕に時々不満を覚えたに違いない晃子。妻の兄、竹内伸太郎は僕と違い器用で身体のよく動く人。妻はしばしば僕を彼と比べた。しかし総じて見れば何とも仲がいい夫婦。僕の旅のとき以外はいつも一緒にいた。買い物も散歩もトイレまでも、と言われた。物書きの僕なのに、字が読みにくくて編集者を困らせた僕の字。それをよく判読したのは晃子であった。こんな大きな内助はない。だから僕はそれに応えたんだ。彼女の第一の期待に。それが外国旅行。死の前年、南カナダの氷河の上に立つ彼女の嬉しげな顔。こんな僕の独り言は誰でももう沢山だと思うだろう。彼女の生涯の夢だった海外への旅は、一年間のドイツ滞在を含む計一一回の僕との旅で実行された。

一九六五年（昭和四〇）春、ケルンに滞在し帰国直前の僕宛にきた晃子からの手紙をそのまま紹介する。

「ヤンヤン（僕の呼び名）、今日は四月九日。ヤンヤンから懇切な手紙（母あてのも含む）届きました。一五日にはケルンを発って帰国とは！　コリャ早く手紙を出さないと間に合わないゾと思って書きます。もうヤンヤンに手紙を書かなくてよいほどヤンヤンは近づきつつあると思うとウンダーワール！（すばらしいのドイツ語）

ヤンヤンもやっぱりポーランド旅行で風邪にやられ大変でしたね。でもヒッペル先生七〇歳生誕記念論文集への寄稿論文完成おめでとう。やはり努力する者は救われるですネ。これから帰国までの雑用大変ですね。宮崎夫人（わが家の隣人）からもご主人の帰国でホッとして風邪をひいたら大変と注意されてます。以下略」

死の前夜、妻の主治医から呼ばれて彼女と最後の対話をした。彼女の耳に口を寄せ、彼女との長い生活が非常に充実して楽しかったと言い、彼女はそれに頷いた。これが最後の最後。

一九九四年一月末の東中野教会で行なった告別式での僕の言葉を言う。

「晃子は昨年暮れの十二月二十七日午後一時半、国立医療センターで、大変快活で明るい六十七歳の一生を閉じました。生前関わった沢山の友人・知人たち、半年間の入院中のお見舞い客を晃子は忘れません。神を愛し、その愛を接するすべての人々に分かとうと努めた生涯でした。彼女の少女時代からの夢であった海外旅行は、一年間のドイツ滞在を含む、世界各地での僕との旅で実現されました。

実生活では木偶の坊で小児のような僕を晃子は甘えさせました。それが僕の研究生活を大きく支えました。汚い僕の草稿の浄書など、晃子の助けがなければ僕の仕事は進まなかったでしょう。それもあって、僕たちは本当に仲良く最後まで四七年間仲良く暮らすことができました。晃子ほんとうに有り難う。

晃子のいない僕は、片羽を失った、いや両羽を失った鳥のよう。でも彼女との約束通り、僕は念願の研究は続けてゆきます。晃子が満足して天国に入った事実は、安心しきった相変わらずやさしい死に顔に出ています。

二十八日と二十九日、織田牧師や教会の方々による前夜祭と告別式には大勢の方々が参列され、多大のお花代を頂きました。お花代は教会・障害者団体・被爆者団体に献金しました。一月二十二日遺骨は東京の小平市にある教会の墓地に納めました」

妻の母、竹内芙蓉は以前から入院中であった。彼女もどんなにか妻の死を悲しんだことであろう。既に彼女は愛する夫と二男と死別して、人生の最大の痛苦をなめていた。彼女は非凡な女性となっていた。今、末っ子の妻を送った彼女は妻の告別式に歌を寄せた。

「金婚式　待たでわが娘は　みまかりぬ
　老いたる夫《つま》に　心残して」

その義母も一九九八年一月四日、昇天して、夫、二男、晃子の許に逝った。今は親子四人で天上で親しく語り合っているだろう。僕は告別式に次の月並みな弔電を打った。

「偉大な義母、竹内芙蓉のご昇天を衷心から追悼します。健康上の理由で青森まで行けず残念です。義理の息、相沢好則又は久」

彼女の最後の最後まで、僕は文通やささやかなプレゼントで彼女と交流することができた。義母には、叔父に山田良政がいた。彼は中国革命の最高指導者・孫文の同志として革命に参画し、その初期、反革命軍との戦いで死んだ。日本人として中国革命に殉じた人の一人である。

升本佳子との再婚

僕は日常生活を孤独の中で送らなくてはならなかった。一般の独身の男性は、十分自分の日常生活をこなして生きている。僕にはそれが出来ない。これは予想されたこと。亡妻もそれに心をいためながら世を去った。

それに妻の入院中、四日に三度のわりで大久保の病院に通った。風邪は治らない。腐った豆腐を食べ、十二月に入って腎臓結石で聖母病院に入院。妻の告別式を終えて疲れきった。僕はそれでも研究の続行にこだわっていた。友人や知人たちは僕が妻の後を追うのではと思った。亡妻を思うと胸がキリキリと痛んだ。胸が固い棒で急に殴られたように――物理的に痛んだ。生まれて初めての経験だった。親しい友人たち、鎮西恒也君と結城光太郎君（共に憲法学者で大学教授）が「相沢、

升本佳子との再婚

ら。

頑張れ！」と言うのに僕は強く反駁を覚えた。「こんなに頑張っているのに、これ以上頑張れるか」と考えたから。

多くの知人・友人・教え子が訪ねてきた。室を掃除し食事を作り僕を慰めた。仙台の北の古川に住む四歳年上のすぐの姉、せつ——残った唯一の肉親——から長い電話が二晩に一度ずつ七、八度かかった。いつになく強く激しく長い口調の電話だ。おとなしい姉にしては珍しい。一刻も早く妻をもらえ、私も一生懸命探しているという電話である。弟思いの姉の熱心すぎるほどの勧誘だ。愚図愚図していると、死ぬという予感があるという。それが僕の心を動かした。二、三の結婚紹介所——公私の——を廻った。ある知人が紹介した升本佳子と見合いをして結婚することになった。五十七歳の明るく知的な初婚の人だ。七十九歳より二十二歳若い。亡妻が死んでから一年間は結婚するな、という先輩の忠告を無視した。亡妻の死から半年余りしか経っていない七月四日結婚式を挙げた。式は東中野教会の織田信行牧師の司会で行なわれた。出席者は僕の知人で若い山辺慶子さんだけ。僕にはまさに緊急避難だった。

その後、六年余り経った。二人は様々の曲折を経た。一方は東北の開業医の病弱でオッチョコチョイの末っ子。戦中戦後の苦痛を経て、中途から学問を志して数十年、愛妻を失い憔悴する（やつれ果てた老人）。それでも勉強に執念を燃やす平和主義者の七十九歳。他方は五代目の江戸っ子を誇る地主の明朗で気が強い五十七歳。バブル崩壊で兄の洋服屋の潰れた後は、輸入装飾店の店長五年、疲れと空しさを感じた。その後、僕と見合いし、すべてを諦めて結婚。両者共に気が強く個性的ゆえに、結婚後しばしば衝突。結婚から六年の間に僕の心筋梗塞の手術、そして今年春の坐骨神経痛による歩行困難の僕を温かく助けてくれた。今はまず円満な老夫婦。妻に言わせると、妻は未婚の老女の間の「希望の星」とのこと。わが家の「相沢にはもったいない家と環境」（僕の友人）が、彼女の最も気に入った点のようだ。彼女は料理が抜群に上手だ。

『ロマ・旅する民族』の出版

僕は先妻の死の前から、三番目のロマ（ジプシー）研究の出版の準備に取り組んでいた。その翌々年（一九九五年）三月、八朔社の好意でその成果を出版した。その時は福島大学経済学部の卒業生で八朔社代表の片倉和夫君と、上智大学法学部卒業の西井洋子君のお世話になった。「人類学的考察の試み」は八朔社がつけてくれた。人類学に僕は前から興味をもってきたが、それを表に出して本を書くほど勉強していない。しかし本書で考察の対象としたのは、社会人類学からのロマ研究で名高いイギリスのジュディス・オークリー（Judith Okely）さんなので、この副題は読者のみなさんに納得してもらうほかはない。

日本のロマ研究について一寸ふれる。外国のロマ研究は歴史が長いこと、ロマが実際に外国で居住していることでかなり進んでいる。だからといって外国の研究を検討しないで紹介するだけの時期は過ぎた。日本のロマの文献は、基本的に外国の研究の紹介に止まった。この三冊目の本は、ロマ研究として定評のあるオークリーの *The Traveller-Gypsies*（Cambridge University Press, 1983）を（そのすべてについてではないが）僕なりに批判的に考察したものである。まず他の研究者の研究を先入観をもたずに繰り返し読む。これが第一の仕事である。次にそれを要約する。すなわちその研究の核心と見られるものを、限られた部分の中にできる限り簡潔に盛り込むのが第二の仕事。さらにそれに対して僕自身の立場から、できる限り自由な考察をしようと努めることが第三の仕事。ここでいう自由な考察とは、僕なりの批判的見方をするという意味である。この批判の意味は普通にいう批判とはかなり違う。

ここでいう批判の主眼は、他人の研究の弱点や間違いを探して、これを示すことではない。それには三つのポイントがある。まず考え方の基本になる方法がある。方法論といってもよい。次に考えを進めるさいの論理の道筋がある。右の二つは考え方の枠組みといってもよい。最後に事実や現実をどう捉えるかということに係わる。その際それらを実証的に見たり、また歴史的に見たりすることに係わる。最後のものは前の二つのものを別な形で支えるものだ。

以上の三点に着目して研究を進める。しかもできる限り客観的に——もっともだと思われるように——進めたい。僕の能力には限りがあるから、できる限り客観的にといった。その他人の研究に疑問点や納得しがたい点が見つかるかもしれない。だがそれは結果にすぎない。目的ではない。一般的な意味で批判という言葉を使わせてもらうと、インマネント（immanent）つまり内在的な批判ということである。トランスセンデント（transcendent）つまり超越的な批判ではない。

このような批判を僕は行なうのだが、その結果、僕自身の考察がまた批判にさらされる。ここで僕が常に思い出させられる言葉がある。それは「私が知っていることはただ一つ。それは私が何も知らないということだ」という大哲学者ソクラテスの言葉である。現代人の弱点は彼の言葉を理解しようとしないこと、実際に理解しないことかもしれない。教育の原点ということがよくいわれるが、教育の原点の一つはここから出発しないといけないようにも思う。知識をどんなに集めても、一番大切なモラルの実践や生命の尊さの実感に至ることができない。ソクラテスが力説したソフィスト、つまり詭弁学派に反対することは、今の世の中で一番必要なことの一つだとも思う。

ロマの本の書評は「図書新聞」（一九九六年六月十五日）に、卒業生の堅田剛君（獨協大学教授・元法学部長）が書いてくれたので載せる。

《流浪の民にして自然の王者ロマ——現代文明への根本的な懐疑が——》

わが国の山窩とジプシーの類縁性も

メリメやビゼーの『カルメン』、ラベルの『チガーヌ』などで知られているジプシーであるが、彼らについてそれ以上のことを知る人は少ない。イギリスで、ジプシー、ドイツでツィゴイネル、フランスでボエミアンと呼ばれてきた彼らは、いずれの国家にも帰属しようとせず、どこに行っても疎外されてきた。流浪の民にして自然の王者ロマ（彼らの言葉で『人間』を意味する）、本書は彼らとの密着体験レポートである。

彼らはときにカインの末裔やイスラム教徒とされ、エジプト人（イジプシャンがなまってジプシーとなった）やユダヤ人ともみられた。だが言語学的にみてジプシーの本当の故郷はインド北西部である。彼らは九世紀ごろそこを出て、小アジアを経由し、十四世紀ごろヨーロッパに登場した。その濃褐色の肌と漆黒の髪と深い眸は、東洋的な神秘をともなっていた。

著者の相沢好則氏は大学で国法学を講じ、国家と宗教に関する著述も多い。しかしジプシーとの関わりは研究者として構えたものではなく、まさに人間と人間との裸の交流である。相沢氏はジプシーとロシア民謡を合唱し、はては眼鏡とネクタイと上着を取って、得意の「チンパンジー踊り」を披露する。これが大受けして彼らもやがて得意の踊りでもって歓待する。それは人類学者にありがちな上からの権威主義的観察とはまったく無縁なものである。

ジプシー社会にも変化がみえる。彼らの主要産業はかつての馬の売買から中古自動車の売買に変わり、旅の手段の幌馬車は今やキャンピングカーを使ってのものになった。けれども彼らは非ジプシーたる「ゴールジョ」の社会とはなお一線を画しているし、定住を拒む生活様式も、馬やハリネズミを清浄なものとする生物観も、大自然を畏敬する宗教観も、基本的にはなんら変えていない。

漂泊の旅といえば、著者は慎重な言い回しながらわが国の山窩とジプシーの類縁性についても触れている。実際、ポーランドのジプシー集団ソンカと山窩のつながりを指摘する見解があるそうだ。さらには、「ジプシー」なるものは世界中の非定住民の総称として、新たな意味を獲得する可能性さえある。ジプシーとは、人間の放浪への憧憬が外在化した姿なのではあるまいか。

旅する民族ジプシーは、国家ではなく自然と共生する。国際化が世界化へと進みつつある今日、「国家観の問題についてだけでなく、自然尊重の問題についても、環境破壊の問題についても、ジプシーの生活と心は、人々に今後目指すべき方向の一つを暗示しているのではないか」との著者の問いかけは、現代文明そのものへの根本的な懐疑にほかならない。

本書では「オークリーの説」と「私見」が項目ごとに交互に配されている。すなわち、イギリスの社会人類学者ジュディス・オークリーの『旅するジプシーの人類学』（原著一九八三年）を批判的に読みながら、これに著者の見解を逐一対置している。こうした構成が学問的良心に基づいて意識的に採られた方法であることは分かるが、率直にいって読者の立場からは少しわずらわしい。

とはいえ、相沢氏の文章はまことに若々しく、とても八十歳を超えた学究のものとは思えない。そのジプシー研究の視点は、戦中戦後の著者自身の歴史とも重なっている。著者は将校教育を拒んで降格処分を受けたり、反軍思想のために憲兵から追われた経験をもつ。ジプシーへの共感は、著者の反骨精神や差別された者への宗教的愛情に由来する。

著者は私の大学時代の恩師である。著者自身がジプシーのように天真爛漫な人で、彼らと心が通じ合うことができるのもそのゆえなのだろう。ジプシーに披露したというチンパンジー踊りは、われわれ学生の間でも忘れられない思い出となっている。

『バカ正直者の戦時体験』の出版

心臓で入院・手術する前三カ月ほど前から、戦時体験記を書き始めていた。なにしろ僕は日記をつけないし、メモも残していない。満州つまり中国東北部から帰国する際は、日本人が書いたものはすべて没収された。薄れてゆく記憶をたどってたどって書いてゆく外はない。だが記述に基本的な誤りはないと思う。細かい点の記憶は、あまりはっきりしていない。記憶力はよいつもりでもダメだ。

一九五二年春だったと思う。長い間ご無沙汰した南原繁先生をご自宅に訪ねたのは。そのとき問わず語りに、僕が風変わりな戦時体験を先生にお話した。先生は世の中のためになるからそれを書けと言われた。まだパッとしない僕を世の中に出すチャンスと、先生は考えられたようにも思う。

それほど先生は苦しんだ者に思いやりがあった。僕はそれをまだ存命の人がいて、さしさわりがあるということで、また記憶が未だ鮮明すぎて、冷静に客観的に見れないということで、書かなかった。しかし先生は再び書くことを勧められ、その後、昇天された。僕は断片的にその話を人に語った。最近、親しい友人の増沢喜千郎君の勧めが、人生の終わりにさしかかった僕を動かした。そして書き始めて脱稿した。その直後一九九八年八月心臓発作で急に倒れ、新宿の榊原クリニックに入院。心臓の部分に病気のあることが見つかり、急いで手術。執刀したドクター鎌田は、何と僕には良い先生だったろう。僕は医者に能力と同様、相性と優しさを求める厄介な患者。その手術は三年前に外国で開発されたもので失敗例は二〇〇〇件のうち三つ。僕のは今後五年間は大丈夫と言われ、その翌年はあと八年間は大丈夫だと言われ、今は生きているあいだは間違いなくオーケーと言われた。体調は見違えるように良くなった。

例の本の出版はキリスト新聞社にお願いしたが、校正は僕の希望で再校でやめた。入院中の校正なので、僕にはその気力も体力もなかった。そこで杜撰《ずさん》な本が出来上がった。その責任はすべて僕にある。一般の書店の店頭に出ないのはなぜかという何人かの読者の声がしきりにあった。数字や年月日のあやふやさも指摘された。

だが何人かの親しい友人からの言葉が病気静養中の僕を慰めた。杣正夫氏（元九州大学教授）、出口京太郎氏（元大本教総長）、樋口陽一氏（元東京大学・パリ大学教授）、磯野正二氏（詩人）、星野達雄君（元東京ＹＭＣＡ総主事）からの便りは、ことのほか僕を感激させた。僕が感激居士のオッチョコチョイであることがここでも明らかだ。寸評の二、三を紹介する。

杣正夫氏「貴兄の人間性がしみ出ていて高僧の生き方を感じさせる。『バカ正直』とは少し露悪趣味か。とにかく純粋で企みがないいんだね。東北の風土には宮沢賢治や棟方志功や不思議な人がいるね」

出口京太郎氏「激しい時代の中で自分の心の呼び声をごまかせない個性が、強制と圧迫に妥協もせず逃避もせず、よくぞ生きてきたものと感嘆する。いびつな日本が犯した悲喜劇的な歴史の証言の書として多くの人々が読むべき本だ」

磯野正二氏「すごい人生です。すごい歩みです。すごい業績です。すごい人間です」

また牧師の小山武満先生と友人の増沢喜千郎君と詩人の川出浩之君（卒業生）は各所で書評を書いてくださった。そのうち一番短い川出君のものを次にあげる（『新大路』第二八号掲載）。

《『バカ正直者の戦時体験』を読んで》

上智大学法学部でお世話になった相澤好則先生から『バカ正直者の戦時体験』という著書を頂きました。陸軍士官学校や満洲における先生ご自身の戦時体験を描かれたもので、戦後、先生の恩師である南原繁先生らから強く書くことを勧められて以来、実に四十五年の歳月を経て筆を執られた、良心の輝きに満ちた書物でした。

この本で描かれた先生の戦時体験は、ドラマの中の出来事のように悲惨と苦難の連続です。士官学校では持ち前の正義感を発揮され、同僚に制裁を加えた上司を非難したためリンチに遭い、病気入院、そして幹部候補生から挫折し帰郷。民族協和の理想に燃えて渡った満洲では、中国人と仲良くしたためにかえって反軍思想を鼓吹する者と疑われてしまう。敗戦後は長春で露天商や塾の先生などで暮らしをたてながら、その間も居宅に侵入したソ連兵と家族を守るために死を賭して対決したり、義父が中国共産党軍に戦犯容疑で拉致されるなどの運命に翻弄されます。こうした悲惨な体験がつづられながら、どんな局面においても先生の天衣無縫な人間性が貫かれ、そこにユーモアが醸し出され、読む者をほっとさせてくれます。

学生時代、勉強しなかった自分が相澤先生の日本人論の講義だけは熱心に出たのは、他の先生方のような単なる机上の講義と違い、常に学生と人間として向き合ってくれたからです。先生は戦時の苦しい体験の中で、「いかなる国家権力をもってしても侵しえない人間人格の尊厳」という想念に目覚められたという。講義で私たち学生を魅了した先生の人間性は筋金入りのものだったのです。私などは平和な日常の中で、親切な人、やさしい人とか言われてまんざらでもなく思ってしまうわけですが、それは一体本物なのか？　緊迫した状況下でも変わらずやさしくできるのか？　非人間的な好意に対して断固としてＮＯと言える勇気があるのか？　とくに戦争を知らず平和のうちに育った私たちは、日常生活において常に厳しく自分に問い続けなくてはいけないでしょう。

混迷する現代社会において「人間の良心」の問題はきわめて大切になっています。相澤先生が今この本を世に問われた意味をよく噛みしめながら、毎日を過ごして行きたいと考えております。

大同学院同窓会でのスピーチ

二〇〇〇年八月の大同学院同窓会で「旧満州での中国人と僕の交わり」について話す。時間的にも場所的にも非常に限られた僕のささやかな中国人との交わりについてだ。中国人は長い歴史をもつ偉大な国民。心が広く大きく、頭も鋭く良いというのが僕の中国人観である。日本人がその中国人に対して行なった侵略と非道に対して、もっと心から詫びるべきだ。以上のことを話した。若い未知の中国人女性が聴衆の中にいて喜んでくれた。今更何を言うかと反駁を感じた日本人も多くいたに違いない。だが思想と言論は自由である。最後に中国人がかつて聞いて喜び、僕がそれを朗読したために関東軍憲兵隊に睨まれた座興「甚だ傲慢なり」を朗唱した。僕の同期生はそれを聞いて懐かしむ人がいたかもしれない。だが別の多くの人たちは必ずしもそうではあるまい。

オール・ソフィアンの集いでのスピーチ

上智大学のオール・ソフィアンの集いは、卒業生の自発的な集いとして前からあった。卒業生は桜咲く四月母校に集まって様々な催しに参加する。数年前から新旧の教師が三人ずつ卒業生の前でスピーチをすることになった。幹事の吉野暁子さんが来宅し、二〇〇一年の集いのスピーチを依頼される。僕は「上智で働いて」と題して久しぶりに教壇に立った。懐かしい卒業生たちの顔、顔。二

オール・ソフィアンの集い

ユーヨークに住んで、特に日米間の特許問題で活躍する山崎友宏君の顔もあった。第一回目の講義は一九五七年。講義を終えた時、七、八名の学生がドヤドヤと教壇の所に来て異口同音に言った。「先生、その野人ぶりをいつまでも発揮してください。うちには野人先生は一人もいないんです」。僕は東北でも「名だたる野人」（旧制二高の先生の言葉）と言われていた。だからこの学生の要求にショックを受けた。僕はその後、二九年間「野人」振りをできる限り抑えて――学生の要望に反して――上智風に、上品にやろうと努めた。だが実際は上品にはやれなかった。

この時話したことの中の三、四を述べる。人生は五十から始まる。六十は青春の真っ盛り。学校の秀才はダメ、自分が自分を甘やかし、学校や世間が甘やかすから。これが一つ。人を堕落させる方法は一つある。それは何でもほしいものを与えてやることだ。そうすれば子供は伸びないし、大人は堕落する。これが二つ。

日本は米英の物量作戦に天皇中心の狭い精神主義で戦って負けた。その反動として精神そのものを軽視してモラルを失って混乱した。モラルの根本はバカ正直。これが三つ。東大は小型化した。小さくまとまり小利口になった。あれと正反対の生き方が大切。「大賢は愚なるが如し」が一番大事。これが四つ。古い卒業生の顔を見て嬉しかった。

埼玉大学での授業

上智大学を定年で辞めた一九八六年、埼玉大学教育学部から話があって非常勤講師になった。一年間に二回、春か秋にやるだけということでお引き受けした。講義の題は「戦時体験を通して憲法研究」というもの。国立大学の定年は六十三歳か六十五歳。僕は七十一歳だったから定年をオーバーしている。二、三年で止めるのかと思っていたら、それから一三年続けている。今月の五日、いくら何でも八十五になろうとする老人。そこで辞意をお伝えすると、まあ一年、来年までと言われる。今年の講義もまとまりがなくなり、マンネリ化しているのになあと思う。

いつの年かよく分からないが、僕の講義を聞いた学生の感想文が、埼玉大学の「学生新聞」に出ていた。その切れ端が最近見付かった。若者らしい文章だから次にあげさせてもらう。

先生のお話は戦争中のこと、天皇制のこと、学問研究のこと、東西ドイツのこと等、広い範囲に及びました。先生は一方で無鉄砲でバカ正直で正義感が強い。それを遠慮なく発揮した。例えば大学生の時は寮でストに参加し、軍国時代だから郷里の仙台藩の学生寮を追い出される。兵隊になって予備士官学校に合格したのはよいが、その入校式の時、「いやいやながらここに入ってきたものは正直に手を挙げろ」という校長の言葉を信じて手を挙げた。八百七名中七名が手を挙げたそうです。これはまだ良い。

その後、親しい兵隊仲間が直属の将校に不当に殴られたのを見て、先生はその将校に公然と抗議したのでその将校に凄く睨まれた。その将校に毎晩夜遅く暗い所に呼び出されて何度も殴られた。先生、お詫びすれば良いのに絶対に詫びない。将校の方が間違っているから、公然と先生を殴ることはできなかったんです。その後、先生は呼吸器が悪くなり軍医の診察を受けることを申し出ると、将校はお前の思想は米英だから病気になるんだ、そんな奴は軍医の診察を受けてはならんと軍医の診断を邪魔しました。先生は重病人となり野外訓練中に倒れたんです。凄いですね、当時の軍隊は。その将校は逃げ先生は病院に担ぎ込まれて助かったのです。それから規則に従って階級を下げられて帰郷したのです。

先生は今の憲法を日本一の宝で、その基本は九条の平和主義にあるからこれを死守せよと言います。これはアメリカが日本国民に押しつけたというけれども、内容が正しいなら多少押しつけられても仕方がないし、又先生は自分で戦い取ったと実感していると言います。これはあまり聞かない憲法論ですが。

先生が戦争中、度々やった反軍の歌「甚だ傲慢なり」は東北弁のズーズー弁でやるので、分かりにくいけれども面白かったです。これを中国でも度々やったので、日本の憲兵に睨まれ危ない目に遭いました。先生の話はユーモラスで余興がうまい。方向を誤った(芸人になれば良かった)とも思われます。

先生の学問のことは、よく分かりませんが、法律と宗教とかジプシーの研究の本を書いていて、その面ではかなりの人だそうですが、その本は読んだことがありません。先生は学生時代の学問は押しつけられて好きではなかったし、成績もあまり良くなかったそうですが――これはちょっとおかしいと思うけれども――学校を出てから学問が好きになって、今でも六十年間それを続けているというのです。五十、六十はまさに青年で七十は中年だといいました。

その先生はユーモラスな人であると共に、常に弱者の味方――これが憲法の平和主義に結びつく――であり、また少数者の側にたっています――これがジプシー研究に結びつきました――。先生から生の体験に基づいて僕たちの今後の生き方や学問のやり方について、いろいろと学ぶことができて、相沢先生、ありがとうございます。

なお僕が重んじていることで、常に学生に話す大切なことがある。大学受験生が重視する暗記力を中心とする知力は、いつの時代にも大切だ。だがそれは人間の精神力の一部にすぎない。それには芸術に接し芸術を作るときに必要な直感力は含まれていない。また学問や社会の発達に必要な独創の能力も含まれていない。最も重要なものとしての、他の生物や人間を理解し愛する高度な能力は含まれていない。特に人間は弱者・貧者・障害者・病者のことを考え、行動する最も重大な義務をもつ。他の人――これは自分と何の利害の関わりのない赤の他人でもある――の喜びを喜び悲しみを悲しむ責任がある。平和の実現は、こうした能力をつちかう努力によって可能になる。

時はまた前後する。九月、埼玉大学教育学部の畏友・山口和孝教授がわが家に来られた。さまざまなことで話し合いをするためにお招きしたといってよい。そのとき僕は話した。すなわち僕は上智大学退職後、一二年間非常勤講師として働かせていただき非常に感謝している。だが八十五歳の高齢だし職を若い人に譲りたい、研究そのものは初志を貫いて今後も続けると話した。教授は言われた。

「先生はまだ元気です。目でそれが分かります。結論として言いますが、倒れるまで講師を続けてください。理由はこうです。先生は戦時中、当局と戦い、いじめられて、それに精一杯抵抗したと考えます。そういう人は外にもいるでしょう。しかしそれ以来、今も変わらず平和主義者として立っていて、しかも憲法学者として立っている人、それに大学で教える教職の資格のある人は外にいませんよ。先生は戦前と戦後を通して平和主義者です。そういう人は日本では先生一人です（これには僕は異論をもっている）。先生は年齢のことを言いますが、本学の非常勤講師には国立でも定年はありません（これも驚きだった）。先生、先生の経験と学識と情熱を若い連中にこれからもぶつけてください。先生が倒れるまでやってください。やめたら卑怯です。先生は学生に不思議に人気があるんです（実はこれにも僕は疑問をもっている）。なお先生の講義計画のレジメ、近年ちょっと文章が整理不足です。それを直してください」

右の言葉を聞いて、僕は倒れるまで埼玉大学の非常勤講師をやる決意を固めた。側《そば》にいて教授の強い誠意のある言葉を聞いた妻の佳子は大変驚いた。僕は大学当局と山口教授と学生諸君に心より感謝している。

日本人の思想と憲法

なお二〇〇一年二月「政教分離の会」機関誌『政教分離』第四三号に書いた短文「日本人の思想と憲法」を書く。

正しい思想を持つのは何もマスコミ・思想家・政治家・学者・企業人の仕事ではない。主権をもつ僕たち一人一人の仕事である。相変わらず重要なのは現行憲法の基本を堅く守ることだ。その細かい点に欠点があるにしてもだ。憲法が国民の最高の宝であるのに、二十世紀世界への最大の贈り物なのに、これがなしくずし的に軽視されているほど大きな悲劇はない。特に大切なのは憲法成立の由来を一人一人自分にたたきこむことだ。無謀な戦争で一般国民に、そして東亜諸民族に大迷惑をかけた点を猛省すること、ここに憲法の不動の基礎がある。これを忘れると、憲法アメリカ贈り物論が正しいという薄っぺらな見方に掴まる。今の国民の無気力、停滞のもとは、憲法そのものにあるのではなくて、この基礎を忘れたことにある。臨界事故も科学と行政の基礎を無視したことから起こった。

前大戦中の戦友ドイツ人との違いがここにある。彼らの大統領・首相は十分とはいえないが、繰り返して諸国民に深く詫び、これまた十分とはいえないが、損害賠償もした。ＥＵにおけるドイツ人の評価が高いのは、このことと大いに関係がある。人が生きるということは、個人も国民も「絶えずあやまちを正し、心を広くし思想を拡大してゆく過程だ」というロマン・ロランの言葉ほどピンとくるものはない。あやまちを正すのは、あやまちを実際に犯すからであり、心を広くするのはもともと心が狭いからであり、思想を拡大するのは実際に思想が狭隘だからだ。

自分のことで申し訳ないが、僕はこの憲法をアメリカの贈り物とは決して見ない。僕は平和主義憲法を戦い取ることに孤立してたが、他の志ある少数の人々と共に参加していたという実感がある。僕が平和主義者になったのは、敗戦前であって敗戦後ではない。戦前と戦後は僕の場合繋がっていた。だから敗戦前、予備士官学校内でも植民地の満州でも、当局からひどくいじめられ苦闘しなくてはならなかった。

最近、日本人の思想は変わったのではなく、本来なかったと書いたことがある。思想はどうして得られるか。読書・討論・組織の中での訓練等によっても得られるだろう。そのほかに挫折・苦難・絶望の経験にあい、それらを乗り越えておのずから身につくものだ。日本人は一般にお上の権威に従順で、「和をもって尊しとする」という標語にのっかって、その体験を物にしなかった。

残念！　だから彼らは風見鶏のように思想が変わるというのではない。彼らはもともと思想というべきものを持っていなかった。持っているとすれば、寒暖に合わせて脱ぎ変える衣類であって、身体と頭脳にどっしり腰を据えた良心や確信ではない。

相沢好則（旧名　久）略歴

一九一五年（大正四）六月　宮城県に生まれる
一九三三年（昭和八）三月　宮城県仙台第一中学校卒業
一九三三年（昭和八）四月　第二高等学校文科乙類入学
一九三六年（昭和一一）三月　同校卒業
一九三六年（昭和一一）四月　東京大学法学部法律学科入学
一九三七年（昭和一二）四月　同大学法学部政治学科転入学
一九四一年（昭和一六）一二月　同大学卒業
一九四二年（昭和一七）四月　歩兵甲種幹部候補生として仙台予備士官学校入学
一九四二年（昭和一七）一〇月　病気のため同校を退校となり候補生を免ぜられる（軍曹から一等兵に降等）
一九四三年（昭和一八）一〇月　満州国国務院総務庁高等官試補となり大同学院入学
一九四四年（昭和一九）九月　大同学院卒業、満州国経済部高等官試補として重工業行政に従事
一九四五年（昭和二〇）八月　敗戦と共に抑留、長春で露天商として帰国時に及ぶ

一九四六年（昭和二一）一一月　病気のまま帰国、郷里宮城県で療養と失業の生活を送る

一九四八年（昭和二三）四月　宮城県塩釜高等学校講師

一九四八年（昭和二三）四月　東北大学大学院法学研究科入学

一九四九年（昭和二四）四月　宮城県塩釜高等学校教諭

一九五〇年（昭和二五）四月　尚絅女学院短期大学専任講師

一九五一年（昭和二六）一〇月　福島大学経済学部専任講師

一九五三年（昭和二八）四月　福島大学経済学部助教授

一九五七年（昭和三二）四月　上智大学法学部助教授

一九六二年（昭和三七）三月　「政教分離・信教の自由の研究」により法学博士（東北大学）

一九六三年（昭和三八）四月　上智大学法学部教授

一九六四年（昭和三九）四月　西独ケルン大学で国家学研究（～一九六五年三月）

一九七〇年（昭和四五）一〇月　西独ケルン大学で政治学研究（～一九七一年九月）

一九七五年（昭和五〇）四月　上智大学大学院法学研究科委員長（～一九七七年三月）、文部省文化庁宗教法人審議会委員（～一九八三年三月、最後の二年間は小委員会の主査）

一九七七年（昭和五二）四月　上智大学法学部長（～一九七八年一二月）

一九八〇年（昭和五五）一月　アテネオ・デ・マニラ大学客員教授（～一九八〇年三月）

一九八四年（昭和五九）九月　「政教分離侵害を監視する全国会議」代表幹事（～一九九四年九月）
一九八五年（昭和六〇）一月　フィリピン・デ・ラサール大学客員教授（～一九八五年三月）
一九八六年（昭和六一）三月　上智大学を定年退職
一九八六年（昭和六一）四月　上智大学名誉教授
一九八六年（昭和六一）一〇月　デ・ラサール大学客員教授（～一九八六年一二月）
一九八七年（昭和六二）四月　埼玉大学教育学部非常勤講師として現在にいたる
一九八七年（昭和六二）一一月　勲三等瑞宝章に叙せられる
一九九七年（平成九）四月　米国マルキーズ社の『フーズ・フー・インザワールド』（『世界人名辞典』）に五年間略歴掲載（～二〇〇一年一二月）

主要著作目録

【著書】

一九六〇年（昭和三五）

『政教分離・信教の自由の研究』　大文社

一九六二年（昭和三七）

『玉川百科大辞典』（第二一巻）「政治・法律」（共著、三章〈社会・国家・権力〉。八章〈民主主義・共産主義・ファシズム〉を執筆）　玉川大学出版部

一九六六年（昭和四一）

『現代国家における宗教と政治』　勁草書房

一九六九年（昭和四四）

『現代国家における宗教と政治』（増補版）　勁草書房

『現代教養百科事典』（第一巻）「政治」（分担執筆、宗教と政治）　暁教育図書

『日本人論のために』　潮出版社
一九七六年（昭和五一）

『国家と宗教』　第三文明社
一九七七年（昭和五二）

『世界の宗教事情調査報告書』（共著）　文化庁
一九七九年（昭和五四）

『ジプシー――漂泊の魂――』　講談社
一九八〇年（昭和五五）

『法律学と政治学――学際的研究の一序説――』（上智大学法学叢書）　有斐閣
一九八六年（昭和六一）

『宗教の今と未来』（分担執筆、政教分離の原則）　世界聖典刊行会
一九九〇年（平成二）

「僕の少年時代――一五歳まで」『親の教え、師の教え』
二〇〇〇年（平成一二）

（分担執筆）

一九九六年（平成八）　文教図書出版

『ロマ・旅する民族――ジプシーの人類学的考察の試み――』

一九九八年（平成一〇）　八朔社

『バカ正直者の戦時体験』　キリスト新聞社

【訳書】

一九五〇年（昭和二五）

『人間進歩の倫理』（G・マッチィニ著）　近藤書店

一九五六年（昭和三一）

『政治書簡集　附戦争責任論』（M・ウェーバー著）　未来社

一九五八年（昭和三三）

『組織論』（G・ルカーチ著）　未来社

一九六六年（昭和四一）

『ジプシーの魅力』（M・ブロック著）　養神書院

一九七八年（昭和五三）

『ジプシー――さすらう東洋の民――』（M・ブロック著）　第三文明社

一九八〇年（昭和五五）

『夜寒――プラハの春の悲劇――』（Z・ムリナーシ著、監訳）　新地書房

一九八五年（昭和六〇）

『教会と国家』（G・デンツラー編著、監訳）　新教出版社

一九九三年（平成三）

『世界のジプシー』（N・B・トマシェヴィッチ、L・ジューリッチ著、監修）　恒文社

【論文】

一九五二年（昭和二七）

「現代宗教（主としてキリスト教）と国家との関係の條件についての研究」　福島大学「商学論集」（二一巻三号）

一九五四年（昭和二九）

「マルキシズムにおける宗教的なもの」

福島大学「商学論集」（二三巻三号）

一九五五年（昭和三〇）

「法における技術性——とくに商法に関連して——」

福島大学「商学論集」（二四巻一号）

一九五七年（昭和三二）

「フェッヒナー『基本的人権の社会学的限界』（一九五四年）」

上智法学論集（一巻一号）

一九五九年（昭和三四）

「法社会学と法形而上学——フェヒナーの『法哲学』を読んで——」

ソフィア（八巻三号）

「政治と宗教——信教自由の一考察一・二——クリストファー・ドウソンを中心としてハロルド・ラスキに及ぶ——」

上智法学論集（三巻一・二号）

一九六〇年（昭和三五）

「政治と宗教——信教自由の一考察三」

上智法学論集（四巻一号）

一九六二年（昭和三七）

「政治と宗教——信教自由の一考察四」

上智法学論集（六巻二号）

「政教関係の序論的一考察——特に政教関係の考察が困難な理由に関連して——」

東北大学「法学」（二六巻一号 清宮四郎教授退官記念特輯号）

「一政治学徒の見た宗教——わが国の宗教研究の一側面——」

理想（三四四号）

「信教自由の概念」　白百合短期大学研究紀要（八輯）

「ゲーテのファウストとロマン・ロラン」

ロマン・ロラン研究（六二号）

一九六四年（昭和三九）

「現代日本における憲法の問題——憲法改正を中心として——」

福音と世界（一九巻五号）

一九六五年（昭和四〇）

"Die Nichtberücksichtigung der Religion in der japanischen Staatslehre, in: Staat-Recht-Kultur Festgabe für Ernst von Hippel zu seinem 70. Geburtstag-28. September 1965--."

「現代における宗教・国家・法一・二」

上智法学論集（九巻一・二号）

一九六六年（昭和四一）

「アメリカにおける政治と宗教との分離」
あそか（六九号）

「建国記念日と信教の自由」
福音と世界（二一巻一一号）

一九六八年（昭和四三）

「信教の自由と抵抗権」
歴史教育（一五巻七号）

「靖国神社国家護持問題と信教の自由」
福音と世界（二三巻一一号）

「政教分離と信教の自由――ある靖国神社国家護持論について――」
福音と世界（二三巻五号）

一九七〇年（昭和四五）

“Nationalization of Yasukuni Shrine and Freedom of Religion, in : The Japan Christian Year Book 70”（Kyobunkan）

一九七二年（昭和四七）

「日本人のバイタリテーと好奇心」
経済論壇（一八巻八号）

一九七三年（昭和四八）

「日本社会のタテ社会性について――日本の政治社会と日本人の一研究――」
上智法学論集（一七巻一号）

一九七四年（昭和四九）

「日本社会のタテ社会性について（後篇）――日本の政治社会と日本人の一研究二――」
上智法学論集（一八巻一号）

一九七五年（昭和五〇）

「日本人と西ヨーロッパ人――日本の政治社会と日本人の一研究三――」
上智法学論集（一八巻三号）

一九七六年（昭和五一）

「昭和における国家と宗教」
第三文明（一七七号）

「「甘え」の構造から見た日本の政治社会――日本の政治社会と日本人の一研究――」
上智法学論集（一九巻二・三合併号）

一九七七年（昭和五二）

「信教の自由」
法律時報臨時増刊「憲法三〇年の理論と展望」（四九巻七号）

「宗教教義の紛争と司法権とに関する一考察——宗教団体に対する寄付金の返還請求権に対して司法権が及ぶかについて——」

上智法学論集（二〇巻三号）

一九七九年（昭和五四）

「自衛官合祀拒否訴訟の考察——山口地裁昭和五四年三月二二日判決——」

Law School (No. 10)

一九八一年（昭和五六）

「日本国憲法下における国家と宗教」

ジュリスト増刊総合特集「現代人と宗教」

「近代社会と信教の自由」

ジュリスト（七四八号）

「現代日本における国家と宗教——東ベルリンの東亜ミッション研究集会における講演の修正増補——」

上智法学論集（二四巻三号）

一九八三年（昭和五八）

「学際領域の研究序説——国法学からみた政治学、ディター・グリムの編著を中心として——」

上智大学法学部創設二十五周年記念論文集

「学際領域の研究序説二——政治学からみた国法学、クルト・ゾントハイマーの所説を中心として——」

上智法学論集（二六巻三号）

一九八五年（昭和六一）

「宗教法の研究ということ——宗教法の研究の方法論的覚書き——」

宗教法（四号）

近　刊

「信教の自由」『新カトリック大事典』

研究社

愚　直——平和をめざして60年

2002年5月3日　第1刷発行

著者　相澤好則
発行者　片倉和夫

発行所　株式会社　八《はっ》朔《さく》社《しゃ》
東京都新宿区神楽坂2-19　銀鈴会館内
〒162-0825　振替口座・00120-0-111135番
電話(03)3235-1553　FAX(03)3235-5910

©相澤好則，2002

印刷・藤原印刷／製本・みさと製本

ISBN4-86014-006-0

叢書ベリタス

シュンペーター著／金指基・編訳
景気循環分析への歴史的接近
二〇〇〇円

田添京二
虫の居どころ
二〇〇〇円

ハンス・モドロウ著／宮川彰・監訳
ドイツ、統一された祖国
旧東独首相モドロウ回想録
二三〇〇円

アンドレ・ジョリス著／斎藤絅子・訳
西欧中世都市の世界
ベルギー都市ウイの栄光と衰退
二四〇〇円

相沢好則
ロマ・旅する民族
ジプシーの人類学的考察の試み
二五〇〇円

定価は消費税込みです

八朔社

高橋一夫
ウップサラ物語
スウェーデンの原風景
一七四八円

小尾圭之介
教育への懐疑　教育への希望
一八〇〇円

明珍昭次
小・中の先生たちへの応援歌
二〇〇〇円

小黒正夫
ダウン症の妹と歩んで
一七四八円

黒田四郎
東北見聞録　歩く・会う・語る・住む
一五〇〇円

東北見聞録　②
一五〇〇円

坪井昭三
生命科学に魅せられて
患者を診ることを忘れた医者の三十余年
一八〇〇円

定価は消費税を含みません